Christoph Ribbat

Sport und Tränen

Über Stars, Medien und „emotionale Momente“

J.B. METZLER

Christoph Ribbat
Institut für Anglistik und
Amerikanistik
Universität Paderborn
Paderborn, Deutschland

ISSN 2730-7301 ISSN 2730-731X (electronic)
Essays zur Gegenwartsästhetik
ISBN 978-3-662-72698-3 ISBN 978-3-662-72699-0 (eBook)
https://doi.org/10.1007/978-3-662-72699-0

Die Deutsche Nationalbibliothek verzeichnet diese Publikation in der Deutschen Nationalbibliografie; detaillierte bibliografische Daten sind im Internet über https://portal.dnb.de abrufbar.

Planung/Lektorat: Ferdinand Pöhlmann
J.B. Metzler ist ein Imprint der eingetragenen Gesellschaft Springer-Verlag GmbH, DE und ist ein Teil von Springer Nature.
Die Anschrift der Gesellschaft ist: Heidelberger Platz 3, 14197 Berlin, Germany

Wenn Sie dieses Produkt entsorgen, geben Sie das Papier bitte zum Recycling.

Roger Federer und Rafael Nadal 2022

Inhaltsverzeichnis

Roger Federer wird emotional

Berührend: Federer und Nadal

Zwei Männer in kurzen Hosen und Sportoberteilen sitzen nebeneinander und halten sich an den Händen. Weitere Männer, ähnlich gekleidet, stehen hinter ihnen. Die Gesichter der beiden im Vordergrund sind vom Weinen zerknautscht. Dass es sich um sehr sportliche Individuen handelt, verraten nicht nur ihre Kleidungsstücke, sondern auch ihre durchtrainierten Körper. Ihre Gesichter zeigen jedoch auch, dass sie beide nicht mehr ganz jung sind. Um die vierzig, so würde man schätzen, wenn man sie nicht kennen würde. Höchstwahrscheinlich kennt man sie aber. Der Mann links ist der weltweit bewunderte schweizerische Tennisspieler Roger Federer, der Mann rechts der ebenso prominente spanische Profi Rafael Nadal.

Die britische Sportfotografin Ella Ling nimmt dieses Bild auf, am 23. September des Jahres 2022, in London, anlässlich eines Hallentennisturniers namens „Laver Cup".

C. Ribbat, *Sport und Tränen,* Essays zur Gegenwartsästhetik,
https://doi.org/10.1007/978-3-662-72699-0_1

Soeben haben Federer und Nadal hier zusammen gespielt, im Doppel, für das „Team Europe". Sie haben dieses Spiel verloren, gegen das „Team World", repräsentiert von den US-Amerikanern Jack Sock und Frances Tiafoe. Nun sitzen sie am Spielfeldrand und weinen. Aber es ist relativ sicher, dass ihre Tränen nicht aufgrund dieser Niederlage fließen. Es geht um mehr.

Es handelt sich um ein berührendes Bild, auf mehreren Bedeutungsebenen. Federer und Nadal berühren einander, spenden sich mit den Händen Trost. Die Fotografie selbst berührt uns, ihr Publikum. Zuerst geschieht dies, so könnte man meinen, im übertragenen Sinne, weil die Aufnahme so intensive Emotionen transportiert. Tatsächlich aber kann man auch von einer körperlichen Erfahrung durch die Betrachtenden sprechen, mit Katya Mandoki, die ästhetisches Erleben als sinnliche, Körper und Emotionen betreffende Aktivität beschreibt. Nach Mandoki vollzieht sich dabei ein „latching-on". Der Mensch „rastet ein" in dem Objekt oder der Situation, die er erlebt, wird im Erlebten gefangen, auch dies also ein quasi-physischer Kontakt, so wie die Interaktion zwischen Federer und Nadal im Bild selbst. Hinzu kommt, dass beide Männer in den Jahrzehnten zuvor mit ihren Körpern und ihren einmaligen Fähigkeiten, diese Körper zu bewegen, auf den Tennisplätzen dieser Welt zahllose Momente ästhetischen Erlebens gestaltet haben. Das Wissen darum macht das Bild noch intensiver, noch sinnlicher. Es ist fesselnd, „captivating" – wie Mandoki sagen würde (Mandoki 2007; Maase 2024).

Einzigartig ist das Foto Ella Lings jedoch nicht. Es ist Bestandteil einer Sportlertränenflut, angeschwollen in den letzten Jahrzehnten. Im Sport der Gegenwart wird sehr viel geweint – und die Bilder und Videos, die all die Tränen dokumentieren, erreichen ein großes Publikum. Es weinen Fußballerinnen und Fußballer nach verschossenen

Elfmetern, nach Siegen, nach Niederlagen, nach Abstiegen, Aufstiegen, Meisterschaften, nach Verletzungen. Sie weinen, wenn sie einen Verein, der ihnen viel bedeutet hat, verlassen oder wenn sie ein Verein, der ihnen möglicherweise noch mehr bedeutet, mit einer elaborierten Inszenierung als Neuzugang begrüßt. Es weinen Olympionikinnen und Olympioniken, wenn sie Medaillen verpassen und auch, wenn sie sie gewinnen. Olympische Tränen erhalten besondere Aufmerksamkeit, wenn die Medaillengewinnerin, jener Fall wird in diesem Buch eine Rolle spielen, zuvor durch intensive diplomatische Bemühungen aus einem russischen Straflager befreit wurde. Es weinen ansonsten für ihre Emotionskontrolle bekannte und bewunderte Basketballprofis, wenn sie mit dem Titel des „Most Valuable Player" der amerikanischen National Basketball Association ausgezeichnet werden. Es ist nicht recht klar, ob heutige Sportstars tatsächlich mehr weinen als jene der Vergangenheit oder ob unserer Gegenwart nur modernere Medientechniken zur Verfügung stehen, ihre Tränen sichtbar zu machen.

Für wenig sportinteressierte Beobachter könnten all diese emotionalen Szenen auf den ersten Blick banal wirken und lediglich innerhalb des engeren Systems „Leibesübungen" relevant. Es weinen aber auch Sportlerinnen und Sportler, wenn sie spüren, dass sie in der Öffentlichkeit Rassismus ausgesetzt sind. Das öffnet den Blick auf größere gesellschaftliche Fragen. Oder ihre Tränen deuten auf schwere psychische Probleme hin, heftige Depressionen etwa. Zudem wird geweint, und dies ist ebenfalls auch außerhalb des Sportdiskurses interessant, wenn das Ende der Laufbahn erreicht ist und eine neue Lebensphase beginnen muss. Die beiden von Ella Ling porträtierten, sich an den Händen haltenden Tennisprofis heulen, weil der eine von ihnen, Roger Federer, zu diesem Zeitpunkt 41 Jahre alt, seine lange Karriere als professioneller Sportler mit dem gerade zu Ende gegangenen Spiel abgeschlossen hat, und weil Rafael Nadal, fünf Jahre jünger als der Schweizer, als einer seiner größten sportlichen Konkurrenten, und als ihm freundschaftlich verbundener Weggefährte, wohl nicht nur dessen Emotionen nachempfindet, sondern wahrscheinlich auch an den bald bevorstehenden eigenen Abschied vom Tennis denkt (inzwischen ist dieser erfolgt). In diesem Fall geht es nicht mehr nur um Ergebnisse, sondern um größere Fragen von Endlichkeit, Wehmut, Freundschaft.

Zu den reichlich fließenden Tränen des Sports eröffnen sich zwei wissenschaftliche Zugänge. Der eine ist abgeklärt bis kritisch. Man kann zeigen, wie sich das Bildmaterial von weinenden Athletinnen und Athleten auf allzu unproblematische und profitable Art und Weise in die konstant laufende mediale Dauerinszenierung einfügt, die weltweit und pausenlos von Sportereignissen und ihren Haupt- und Nebenaspekten berichtet, online und auf TV-Kanälen. David E. Little nennt dies die „Sports Show": eine Kombination aus den medialen Repräsentationen der eigentlichen Spiele und Wettbewerbe einerseits und andererseits der Berichterstattung über selbst die privatesten Momente im Leben prominenter Athleten (Little 2012, 26). Öffentliches Weinen ließe sich als eines von vielen Registern der „Sports Show" beschreiben.

Die Soziologin Eva Illouz würde bei den medial zirkulierenden Tränenbildern und -videos wohl von „emodities" sprechen, mit ihrem aus den Vokabeln „emotions" und „commodities" zusammengefügten Begriff. Im Kapitalismus der Gegenwart haben sich nach Illouz Emotionen und Konsum eng miteinander verknüpft; Gefühle sind zu Waren geworden, ihre vermeintliche Authentizität hat kommerzielle Kraft (Illouz 2018, 7). Aus der medialen Dokumentation weinender Sportlerinnen und Sportlern lässt sich Profit generieren – je prominenter die gerade emotional überwältigte Figur, umso mehr. Tränen sind also ein wertvoller Rohstoff.

Eine andere Perspektive, optimistischer, vielleicht naiver, würde eher das kulturelle als das kommerzielle Potential der medial verbreiteten „emotionalen Momente" in den Mittelpunkt stellen. Sie könnte sich etwa an Sean Redmonds Arbeiten zu den sinnlichen Interaktionen zwischen Stars und ihrem Publikum orientieren. Redmond sieht in diesem Austausch emotional höchst aufgeladene, durchaus auch körperliche Kontakte, die „empowering" wirken können und aufgrund ihrer Intensität Räume jenseits von herrschenden Diskursen und Ideologien eröffnen (Redmond 2016). Er beleuchtet zwar nicht, welche konkreten gesellschaftlichen, gar politischen Konsequenzen das „empowerment" dieser Interaktionen haben kann. Vorstellbar ist jedoch durchaus, dass die Tränen Federers und Nadals Betrachterinnen und Betrachter ebenfalls zu Tränen rühren – und damit tatsächlich eine körperliche, emotionale Identifikation entsteht, die das reine Konsumieren überschreitet, und, so wie Redmond es imaginiert, individuell befreiend wirkt.

Es empfiehlt sich, eine Mittelposition zwischen Illouz' und Redmonds Zugängen zu suchen. Denn öffentlich ausgelebte und medial verarbeitete Emotionsausbrüche haben sicherlich nicht nur Warencharakter, sondern auch ästhetische Kraft. Gleichzeitig scheint Redmonds Zugang zum sinnlichen *celebrity*-Bildkonsum etwas zu stark von seinem individuellen Enthusiasmus für Prominentenbewunderung abzuhängen. Dennoch geht dieser Essay von seiner Annahme aus, dass die Bilder von weinenden Sportlerinnen und Sportlern emanzipatorisches Potential haben können. Orientieren wir uns hier an den überzeugenden Argumenten Sarah Goodrums, die die gesellschaftlichen Bedeutungen von Traurigkeit untersucht: Für Goodrum ist eine Gesellschaft, die diese akzeptiere, die also

„comfortable with sadness" sei, eine sensiblere, solidarischere Gesellschaft, die „self-awareness, social support, and emotional well-being" befördere (Goodrum 2023, 99 f.).

Die Tränen vermeintlich heroischer sportlicher Figuren mögen also Warencharakter haben – und sie erreichen uns auch nie direkt, sondern stets in medialen Rahmungen, die sie interpretieren, kontrollieren, kategorisieren, für kulturelle und gesellschaftliche Programme instrumentalisieren. Und doch transportiert öffentliches Weinen Ideen von Verletzlichkeit und Empathie. Diese gewinnen gerade dadurch an Energie, dass sie den konventionellen Konstruktionen von athletischer Heldenhaftigkeit im Sport widersprechen. Wie im Folgenden gezeigt werden soll, sind Sportlertränen auch deshalb so faszinierend, weil man als Medienkonsument emotionale Zusammenbrüche bei Sportlern nicht vermutet. Es lohnt sich deshalb, beides zu untersuchen: die Momente des Weinens selbst und die medialen Prozesse, die sie verarbeiten.

Fototheorie bei „CNN Sports World"

Verfolgen wir die weitere Karriere von Ella Lings Aufnahme aus dem Herbst 2022. Sechs Tage nach dem Ausbruch Federers und Nadals rückt das Bild der sich gegenseitig tröstenden Tennisprofis in das Programm des Nachrichtensenders CNN. Don Riddell, englischer Moderator von „CNN Sports World", gibt dort eine kurze Einführung, bevor ein Interview mit der Fotografin beginnt.

Zuerst liefert Riddell eine Beschreibung des Tränendokuments. Lings Foto zeige Federer und Nadal, „both really struggling to contain their emotions, and they're holding hands." Handelt es sich dabei um eine korrekte Interpretation? Man sieht auf dem Bild zwei Männer, die sich an den Händen halten. So viel ist richtig. Allerdings deutet nichts darauf hin, dass die beiden Porträtierten sich bemühen würden, ihre Emotionen einzudämmen. Viel eher lassen sie den Tränen freien Lauf. Aber Riddell nutzt hier einen Ausdruck des allgemeinen Sprachgebrauchs: Wer weint, „kämpft mit den Tränen". Der Moderator spricht dann von Federer und Nadal als "two exceptional athletes trying to beat each other on the court". Auch dies entspricht nicht ganz dem spezifischen Fall: Federer und Nadal hatten schließlich soeben nicht gegeneinander, sondern gemeinsam im Doppel gespielt. Die Aussage verstärkt aber noch einmal den Eindruck von der Singularität der Aufnahme. Ohne Referenzen an traditionelle Männlichkeitsdiskurse geht es in der „CNN Sports World" nicht. „Höchst originell" nennt es Riddell, hier zwei „tough male athletes" so „vulnerable" zu sehen. Und mit dieser Gegenüberstellung des sehr alten Konzepts von männlicher „toughness" und des sehr modischen Konzepts der Verletzlichkeit wendet sich der Moderator an Ella Ling, zugeschaltet, anscheinend von zu Hause.

Zum Schluss dieses Interviews wird die Fotografin die gesellschaftliche Bedeutung ihres Doppelporträts unterstreichen. Auch sie wird, ähnlich wie Sarah Goodrum, dem akzeptierenden Umgang mit Traurigkeit eine entscheidende Funktion zuschreiben. Das Bild der zwei weinenden Athleten, Männern einer Berufsgruppe, die normalerweise selten Gefühle zeige, werde, da ist sie sich sicher, „a lot of good for society" tun. Als „unglaublich" erscheine ihr die Szene, Federer und Nadal, „crying uncontrollably, holding each other's hand, in front of 17,000 people there and millions on TV". Als „pure", als „raw", als „open" bezeichnet sie das Bild, sieht intensive Authentizität in den Gesten und Tränen der Sportler.

Bevor Lings Fazit gezogen werden kann, bestimmt jedoch ein ganz anderer Umgang mit Trost und Tränen dieses Interview. Es geht in diesen CNN-Sendeminuten nicht nur darum, die emotionale Kraft von Wein- und Trostgesten zu betonen. Es muss zuvor, das scheint zumindest Moderator Riddell zu beabsichtigen, eine Art Rahmen der Normalität gebaut werden, der den emotionalen Moment einfassen kann. Die Maßnahme beginnt mit Ella Lings Verweis darauf, dass sie als anwesende Fotografin den Augenblick verpasst habe, als der weinende Federer, Beistand suchend, seine Hand auf Nadals Bein gelegt habe: „I missed the leg squeeze," gibt sie zu – und an diesem Punkt schaltet Riddell sich recht energisch ein. Er will klarstellen, dass es wohl doch nur ein kurzer Moment gewesen sein könne, in dem Federer „the leg" berührt habe. Und ähnliches gelte doch wohl auch für die Handberührung. Diese habe doch sicher nicht allzu lange gedauert. Es sehe natürlich auf dem Bild danach aus, als könnten „leg squeeze" und Händchenhalten längere Zeit in Anspruch genommen haben, so seine fototheoretische Ausführung, aber sie, die schnelle Fotografin, habe doch nur rasch reagiert und es aufgenommen. Das will er unterstreichen: möglicherweise, um gewissen Vorstellungen des „CNN Sports World"-Publikums zu körperlichen Gesten zwischen heterosexuell gelesenen Männern zu entsprechen. Ella Ling hilft Riddell dabei und paraphrasiert seinen Beitrag. Im Bild wirke es vielleicht so, als hätten die beiden für einige Minuten so dagesessen, sich berührend, und schon bei dieser Aussage muss der Moderator nervös lachen, aber es sei nur eine halbe Sekunde gewesen, sagt Ling, vielleicht auch zu Don Riddells persönlicher Stabilisierung. Tränen und Trost haben im Sportdiskurs anscheinend noch immer eine verunsichernde Wirkung. Aber in diesem CNN-Interview wird Einiges dafür getan, Klischees des „Normalen" aufrechtzuerhalten (Riddell/Ling 2022).

Nach der McEnroeisierung: Gefühlsausbrüche im Tennis

Angesichts dieser kommunikativen Komplikationen ist es hilfreich, die Tränen Federers und Nadals nicht nur im gegenwärtigen medialen Kontext, sondern vor dem Hintergrund der Tennisgeschichte zu betrachten. Die stark strukturierte Sportart, die selbst dem Publikum Schweigeregeln auferlegt, scheint auf den ersten Blick keinen Raum für emotionale Ausbrüche zu bieten. Wie ein viel gelesenes Ratgeberbuch aus den frühen 1970er Jahren ausführt, handle es sich um einen Sport, der im Wesentlichen „im Kopf des Athleten" stattfinde. Dieser spiele, so *The Inner Game of Tennis*, weniger gegen die Person auf der anderen Seite des Netzes als gegen im eigenen Ich vorhandene „Hindernisse" wie „Konzentrationsaussetzer, Nervosität, Selbstzweifel, Selbstverurteilung" (Gallwey 2008, xvii). Eine Neigung zu exzessivem Weinen würde wohl eher stören. Tennishistoriker David Berry verweist zudem auf die Position des Sports in Geschlechterdiskursen. Tennis wurde in seiner Frühzeit, im 19. Jahrhundert, als Frauensport kategorisiert, als nicht maskulin-soldatisch. Da der Diskurs um Sport insgesamt jedoch von konventionellen Männerbildern dominiert war, wandelten sich um 1900 auch die Geschlechtervorstellungen im Tennis. Zentrale Werte wie Härte und Präzision sollten es als ein kulturelles Feld etablieren, das aus Aktiven „Männer mache" (Berry 2020, 208).

Insbesondere in Wimbledon wurde der Sport von gefühlsreduzierten Oberschichtsritualen geprägt. Immer wieder zitieren Tennistexte jene Zeilen aus einem Gedicht Rudyard Kiplings, die in der Umkleidekabine des Hauptplatzes der Londoner Anlage angebracht sind. Sie betonen die Austauschbarkeit, ja Künstlichkeit, von Sieg und

Niederlage und fordern zu einer emotionsfreien sportlichen Einstellung auf: „If you can meet with triumph and disaster / and treat those two impostors just the same." Tränen konnten bei diesem Turnier durchaus fließen, jedoch in anderen Zusammenhängen. Vom Weinen spricht etwa der südafrikanische Wimbledon-Teilnehmer Gordon Forbes, aktiv in den 1950er und 1960er Jahren, der noch mit dem Schiff die lange Reise nach England antrat, dann zum Turniergelände kam und es betrachtete: „the soft old Centre Court, lying waiting, all green", und der von dieser Szene so gerührt war, dass er tatsächlich vor seinem Erstrundenmatch zu weinen begann, durch die Tränen hindurch kaum etwas sah und daher sehr früh ausschied (Adams 2003, 27).

Andere Formen von Aufwühlung waren nicht denkbar, bis in den 1970er Jahren ein Spieler namens John McEnroe das Konzept des emotionsarmen Turniers durcheinanderbrachte. Seine Ausbrüche – Schrei- und Trotzanfälle, herausgestoßene Beleidigungen von Schiedsrichtern – waren immer wiederkehrender Bestandteil seiner Auftritte. Da es sich bei ihm allerdings um einen der besten Tennisspieler seiner Zeit handelte, verknüpften sich seine Explosionen mit dem wirtschaftlichen und populärkulturellen Aufschwung des Tennissports. McEnroe war einer der frühen Werbeträger der rapide expandierenden Sportartikelfirma Nike, die in ihrem Marketing darauf setzte, Kundschaft über geschickt vermittelte Emotionen zu erreichen. Die Strategie: nicht Produkte, sondern Gefühle zu verkaufen. Die exzessive Emotionalität des amerikanischen Profis passte hervorragend zu diesem Programm.

Der Tennisexperte Tim Adams sieht McEnroe als einen Repräsentanten des radikalen, aggressiven Individualismus im Neoliberalismus des späten 20. Jahrhunderts. Weit über Nikes Marketing hinaus wurde in westlichen Gesellschaften das Bild von Führungsfiguren neu entworfen.

Nicht als angepasste Durchschnittsmenschen sollten sie sich geben, sondern als Rebellen, gegen Konventionen verstoßend, und genau deshalb erfolgreich. Dies formte den neuen Konsumkapitalismus mit. Von Gefühlen wurde viel geredet, gezeigt werden sollten sie auch, aber es ging nach wie vor darum, Leistung zu erbringen. Eines der beeindruckendsten Merkmale von McEnroes Wutausbrüchen war, wie schnell sie vorbeigingen und die Ikone einer neuen, erfolgreichen Emotionalität das Spiel um Punkte und Preisgeld fortsetzen konnte (Adams 2003, 27–35;78–79).

Für cholerische Anfälle wurden Federer und Nadal nicht bekannt, eher für die berührende Verknüpfung von Rivalität und Freundschaft in ihrem Verhältnis zueinander. Ihre Trauer angesichts des Karriereendes ist jedoch ebenso eng mit der Hyperkommerzialisierung des Sports verbunden wie McEnroes Explosionen. Der Tennissport hat sich nach dem frühen Nike-Zeitalter durch hohe Medienaufmerksamkeit und sehr gut dotierte Werbeverträge prominenter Athleten in ein äußerst ungleiches System verwandelt. Tausenden von halbprofessionellen Spielern, die sich mit dem Sport kaum ein finanzielles Auskommen sichern können (und die diese ökonomische Unsicherheit sicherlich häufig zum Weinen bringt, abseits medialer Repräsentation), stehen wenige extrem erfolgreiche Profis gegenüber. Für die in der Prekarität agierenden Athleten kann jede Verletzung den Abschied von ihrem Sport bedeuten. Die Spitzenspieler dagegen können sich exzellente medizinische Betreuung leisten – und dadurch haben sich ihre Karrieren im Tennissport immer weiter verlängert. Experten weisen zudem auf die extreme Isolation dieser Spitzensportler hin: Elf Monate im Jahr sind sie aktiv, reisen um die Welt, befinden sich aber fast durchgehend in der Isolation von Trainingsplätzen, Spielstätten und Hotels (Berry 2020, 187 f.). Die Abschiedstränen der hypererfolgreichen Stars resultieren wohl auch aus ihren außergewöhnlichen

Privilegien und einem idiosynkratischen Lebensstil, zu dem es seit dem McEnroe-Zeitalter keine Alternative zu geben scheint.

Federers und Nadals Tränen fließen also in einer neuen Tenniswelt. Präzision, Härte, Selbstkontrolle dürften im Spiel selbst ihre Bedeutung kaum verloren haben – aber um die spezifischen Partien herum sind Athletinnen und Athleten, willentlich oder nicht, an der Produktion von *emodities* beteiligt. Für das Publikum deutlich wahrnehmbare Emotionalität treibt das Geschäft mit Sportprodukten und Medieninhalten an. Ella Lings Fotografie kann als prägnantes Beispiel für einen solchen medialen Sport-Gefühl-Konsumartikel dienen, das CNN-Interview zum sicher ganz kurzen „leg squeeze" als ein weiteres. Noch elaborierter, noch intensiver jedoch: ein Film, den Askif Kapadia und Joe Sabia im Juni 2024 präsentierten.

Twelve Final Days: Die Federer-Tränen-Doku

Die Dokumentation *Twelve Final Days* porträtiert Roger Federer in den letzten zwölf Tagen seiner Karriere (Kapadia/Sabia 2024). Sie kombiniert Aufnahmen aus Hotelsuiten und Event-Sälen, Krafträumen, Verkehrsmitteln, Tennisarenen, Umkleidekabinen. Der Film kulminiert im letzten Spiel Federers, den Szenen von Überwältigung nach dem verlorenen Doppel. Das exzessive Weinen in diesen Momenten kommt für das Publikum keinesfalls überraschend. Es wird im Film ständig reflektiert.

Schon früh in *Twelve Final Days* rückt das Thema ins Zentrum. Es landet ein Privatjet auf dem London City Airport. Damit beginnt der Countdown zu den Tränen. Der Passagier Federer steigt die kurze Flugzeugtreppe hinunter, eine Tennisschlägertasche über die Schulter gehängt, lächelt in Richtung der Flughafenangestellten in ihren Warnwesten, posiert kurz für ein Foto, steigt dann in einen Mercedes S 500 mit dem Laver Cup-Logo an der Tür, und sagt auf der Rückbank, dass er sich gut fühle, aber „a little bit sad at the same time". Der Protagonist ist am Ort des zukünftigen emotionalen Zusammenbruchs angekommen, es liegen noch Tage der Vorbereitung vor ihm, aber er befindet sich schon im Nahbereich des Weinens. Er berichtet von einem Fan am Flughafen, einer Frau mit Tränen in den Augen, die ihm gesagt habe, wie sehr sie es bald vermissen würde, um drei Uhr morgens aufzuwachen, um sich seine Spiele bei den Australian Open anzusehen. Federer imitiert die leicht verheulte Stimme dieser Federer-Enthusiastin und schaltet dann wieder um, spricht lachend von sich: dass er den Sport auch vermissen würde, aber dass es dann doch „fine" sein werde. Dem Beobachter ist in diesem Moment nicht klar, ob Federer die emotionale Frau tatsächlich imitiert, oder ob er sich nicht von ihr hat anstecken lassen. Zumindest bewegt sich der Daumen des Tennisstars in Richtung Auge und streicht dort über eine Stelle oberhalb des Lids.

Die Szene ruft eine Beobachtung David E. Littles in Erinnerung. Little verweist auf eine paradoxe Entwicklung in der Sportgeschichte. Einerseits sorgten die ständigen Innovationen von Medientechniken dafür, dass Zuschauer auf einer bildlichen Ebene den Stars immer näherkamen, mehr Bilder von ihnen sahen, dynamischere Bilder, Bilder aus immer größerer Nähe. Die Sportmedienkonsumenten des späten 19. Jahrhunderts sahen stocksteife Athleten auf Sammelkarten; die Zuschauer dieser Dokumentation dagegen nehmen auch noch die unauffälligste Geste Federers wahr: den Daumen am Auge. Gleichzeitig haben sich Sportstars als reale Figuren aber immer weiter aus der

Welt der Zuschauenden entfernt. Sie reisen in Privatjets, nächtigen in Luxushotels, verbringen ihr Leben in abgeschirmten Räumen (Little 2012, 51 f.).

Die mediale Vertrautheit ist also künstlich. Dennoch ließe sich *Twelve Final Days* als wahrhaft emanzipatorisches Tennisspieler-Porträt kategorisieren. Sein Protagonist steht offensichtlich zu seinen Gefühlen. Toxisch-maskuline Härte ist nicht zu beobachten; ehrlich und sensibel werden die bevorstehenden Gefühlsausbrüche Federers reflektiert. Andererseits konstruiert der Erzählbogen dann doch nichts anderes als umfangreiche Emotionsdisziplinierung und -organisation. Es ist schließlich höchstwahrscheinlich, dass Roger Federer, anscheinend ein immer wieder einmal weinender Mensch, schon vor jenem letzten Doppel mit Nadal sein Karriereende betrauert, Angst vor der Zukunft empfindet und daher Tränen vergießt. Sehr wahrscheinlich ist auch, dass in solchen Momenten die Kamera nicht dabei ist. Das aber ist nicht die Geschichte von Sportlertränen, die *Twelve Final Days* erzählen will. Es geht dem Film nicht um den alltäglichen Umgang mit Emotionen, Hilflosigkeit, Trauer, sondern um den einen dramatischen – und filmisch packend repräsentierbaren – „emotionalen Moment". Dieser darf erst am Ende erlebt werden. Dass in der detailliert dokumentierten Phase davor Selbstkontrolle ausgeübt wird, damit bloß keine Tränen fließen, wird implizit vorausgesetzt.

Somit konstruiert der Film eine Art erzählerische Rampe, auf der Emotionen zwar thematisiert, aber stets eingehegt werden. Die Kamera verfolgt Federer bei diversen Presseterminen, dann fliegt der nächste Privatjet ein und Novak Djokovic steigt aus, eine ähnlich das Welttennis prägende Figur wie Federer und Nadal. Noch auf dem Rollfeld wird er interviewt, darüber, was er von dieser Woche beim Laver Cup erwarte, und er sagt, dass sie sicher „exciting" werde und „full of, I'm sure, emotional moments on and off the court, particularly for Roger.“ Tennisprofi Andy Murray steigt nicht aus einem Privatjet, sondern lediglich aus einer offiziellen Laver Cup-Limousine und findet das Ereignis im Interview ebenfalls sehr aufregend. Federer begrüßt auf dem Tennisplatz erst Djokovic, dann Murray. Vollzogen werden der typische Athleten-Handschlag des 21. Jahrhunderts und die angedeutete Umarmung. „How are you feeling?“ fragt Murray. “Better”, sagt Federer. “Yeah?”, fragt Murray. “It’s been rocky”, sagt Federer. “Yeah?”, fragt Murray. “Emotional”, sagt Federer. “Yeah”, sagt Murray. “We’ll talk about it”, sagt Federer. „Yeah“, sagt Murray. Emotionale Tiefen leuchtet der Dialog nicht aus.

Twelve Final Days zeigt zumindest ansatzweise, was es heißt, ein gerade noch im Tennissport aktiver Roger Federer zu sein. Der Profi wird gefilmt, als er dabei ist, die Verpackungen von Rolex-Uhren zu signieren. Er gibt eine Pressekonferenz und wird dort etwas emotional, aber nicht zu sehr. Steht im Anzug in einem Hotelrestaurant mit Blick auf die Skyline von London. Macht Smalltalk mit den anderen am Laver Cup teilnehmenden Profis. Lässt sich von seinem persönlichen Assistenten beim Umziehen helfen, weil er aus Versehen das falsche Oberhemd angezogen hat (das für den Smoking, nicht das für den Anzug). Spielt dann im Smoking Tischtennis, mit und gegen andere Tennisprofis. Die Szenen spielen sich in sehr kühlen, sehr sauberen Räumen ab, und vermitteln, dass sich der emotionale Roger Federer in diese sehr kontrollierte Welt ohne größere Probleme einfügt.

Die Dokumentation verändert sich in dem Moment, in dem Rafael Nadal aus einer Limousine steigt und damit im Film eintrifft. Nadal wirkt vom ersten Augenblick an angespannt, hektisch, wesentlich unruhiger als Djokovic und Murray. Schnell wird deutlich, dass er tatsächlich mit Federer befreundet ist und mehr als nur Konversation mit ihm macht. Bei der gemeinsamen Pressekonferenz des

„Team Europe“ senkt Nadal, als die Sprache auf Federers bevorstehenden Abschied kommt, so offensichtlich den Kopf und verharrt so lange in dieser Position, dass etwas anderes als ein Weinvorgang kaum wahrscheinlich erscheint. Federer geht es augenscheinlich ähnlich, er arbeitet auf seinem Platz hinter dem Podium daran, den Ausbruch zu vermeiden, führt die Finger zu den Augen, zur Nase, hält Tränen durch diese Vorkehrungen zurück. Er kommentiert danach, wie schwer die Pressekonferenz für ihn gewesen sei. Auch hier geht es um Kontrolle: „I wanted to say more,“ so Federer, “but I couldn't because I was going to get too emotional.”

Twelve Final Days nimmt das Thema immer wieder auf: dass die Tränen kommen könnten, dass die Tränen wahrscheinlich sind, und dass der Held des Films sich nicht nur auf sein letztes Tennisspiel vorbereitet, sondern auf den „Kampf“ mit seinen eigenen Emotionen. Federer wird durch London gefahren, auf der Rückbank neben ihm ein alter Freund, und er spricht über das, was von ihm erwartet wird, vom Tennispublikum. „They would like to see me cry to some extent,“ sagt er. Denn „they“, die Zuschauer, seine Fans, wüssten “how much I care”. Sie hätten ihn schon öfter weinen gesehen. Er denkt nach. Bis hierhin sei es “solid” gewesen, aber wegen des morgigen Tages: Er schaut besorgt.

Der letzte Tag, der Tag der Tränen, der Tag, der dann nicht mehr „solid“ ist, sondern eher flüssig, beginnt mit dem Tennisschlägereinpacken in der Hotelsuite. Und schließlich sieht man das finale Spiel. *Twelve Final Days* verwendet im Off den Live-Originalton eines britischen TV-Kommentators. „The finest we've ever seen“, sagt dieser über Federer. „Team Europe“ hat einen Matchball und vergibt ihn. „Team World“ gewinnt. Es folgt die sorgfältig vorbereitete Tränensequenz.

Als ordnungsgemäß funktionierendes Konsumprodukt löst die auf Amazon Prime gestreamte Dokumentation das Versprechen ein, das sie an die Verbraucher gemacht hat. Es wird jetzt exzessiv geweint, oder, in der gebräuchlicheren Ausdrucksweise: Es wird sehr „emotional". Der Film präsentiert eine vielschichtige Ansammlung von Heulereignissen. Die ersten Tränen Federers nach dem Spiel, als er dem Publikum applaudiert. Tränen aus einem anscheinend am nächsten Tag aufgenommenen Interview, in dem er zuerst nicht weint, es dann aber doch tut, weil er das Karriereende anspricht und sich fragt, was wohl als nächstes passiere. Dann, zurück in der Erzählebene direkt nach dem Spiel: Tränen bei Djokovic. Er, Federer, so die Stimme des Schweizers aus dem Off, habe ihm etwas Persönliches gesagt, was in Djokovic „etwas ausgelöst" habe. Er selbst, Federer, so eine weitere Erklärung auf der Audiospur, sei zweifach zum Weinen gebracht worden: zum einen von den Gedanken an seine Frau, zum anderen vom „Rafa angle".

Der „Rafa angle" dieser den Film beschließenden Szenen besteht aus Bildern vom intensiv heulenden Nadal, der aus dem Off über die Freundschaft zu Federer spricht, aber auch über ihre sportliche Rivalität. Nadal kommentiert, dass ein Grand Slam-Finale gegen Federer stets einzigartig gewesen sei. Er spricht von dem Schmerz, den das Wissen in ihm auslöse, dass es nie mehr dazu kommen werde. Sie hätten eine „very good friendship" jenseits des Platzes gehabt. „And that's something very difficult to find in this very competitive world." Diese Reflexionen werden über die Szenen gelegt, in denen Federer und Nadal auf der Bank miteinander weinen, eingerahmt von ihren Team Europe-Mitspielern. Schnitt zum sich die Tränen trocknenden Federer in der Nachbetrachtung; auch er reflektiert die Freundschaft zu Nadal.

Mehr Tränen folgen. Der Film zeigt Federer noch einmal in der Laver Cup-Arena, schwungvoll am Mikrofon, zunächst nicht weinend, bei einer Ansprache an das Publikum. „It's been a perfect journey", sagt er in die Halle hinein, mit – noch – souveräner Stimme, fügt hinzu: „I would do it all over again", und weint dann doch wieder, und dankt noch seiner Frau mit ersterbender Stimme, und nun, Schnitt oben in die Ränge, weint auch seine Tochter, ebenso wie seine Frau, und dann kommen diese auf den Tennisplatz hinunter und weinen noch einmal auf dem Platz, und dann kommt Federer, nicht mehr weinend, in die Kabine von Team Europe, und sagt zu seinen Mannschaftskollegen: „I said I wasn't going to cry." Schnitt zu einem späteren Interview mit seiner Frau, die die Gesamtsituation reflektiert und dabei ebenfalls weint. Schnitt zurück in die Kabine, zu den versammelten Tennisprofis. Vor diesen hält Federer noch eine Rede, dankt ihnen, nun tränenfrei. Schnitt zur Hotelsuite, zur Familie. Kein Weinen mehr. Ganz zum Schluss sehen wir Federer als Zuschauer eines Tennisspiels. Er dreht den Kopf nach links und nach rechts und wieder nach links und wieder nach rechts, so wie das Tenniszuschauer tun. In seinen Augen: keine Tränen. Die *emodities* wurden geliefert. Die Normalität ist zurück.

Einführung in das Weinen

Tränen als Ausrufezeichen

Dieser Essay hat nicht zum Ziel, das Gefühlsleben von Sport-Megastars zu erkunden. Er soll zu einem anderen, breiteren Diskurs beitragen, der um die Darstellung und Wahrnehmung von Emotionalität in der Gegenwart kreist. Dass es „heutzutage" viel einfacher sei als „früher", psychologische Probleme öffentlich zu machen und Aspekte der eigenen „mental health" zu thematisieren: Dies wird derzeit so oft behauptet, dass es stutzig macht. Denn tatsächlich werden Momente menschlicher Schwäche, Traurigkeit und Hilflosigkeit auf ganz unterschiedliche Art gesehen, gelesen, medial repräsentiert und in kulturelle Kontexte eingebaut. Ob und wie sie gesellschaftlich „akzeptiert" werden – oder auch instrumentalisiert, kritisiert, ironisiert – zeigt sich erst, wenn sie in Bild und Text zirkulieren und Menschen sie rezipieren. Die Diskussion solcher Prozesse steht hier im Zentrum, nicht

C. Ribbat, *Sport und Tränen,* Essays zur Gegenwartsästhetik, https://doi.org/10.1007/978-3-662-72699-0_2

Prominenten-Seelenkunde. Weinende Sportstars sind jedoch extrem gut sichtbare Figuren. An ihren Beispielen lässt sich anschaulich untersuchen, wie unsere Gegenwart mit Traurigkeit umgeht.

Zuerst aber muss man sich dem Weinen nähern. Wer weint, sendet kräftige Signale aus, visuell und teils auch akustisch. Beim Weinen erwachsener Menschen handelt es sich, psychologisch gesehen, um eine übriggebliebene Verhaltensweise aus der Kindheit. Zu heulen signalisiert Hilflosigkeit, und so wird, relevant für Kinder, an Beziehungen zu anderen Menschen angeknüpft – oder diese Beziehungen werden verstärkt. Da der Mensch wie kein anderes Lebewesen Muster der Kindheit verlängern kann, bleibt das Weinen auch im Erwachsenenalter erhalten (Vingerhoets 2013, 73 f.).

Menschen, die weinende Individuen betrachten, interpretieren, was mit diesen Personen geschieht. Warum fließen Tränen? Es scheint auf der Hand zu liegen, dass Menschen nach Schicksalsschlägen weinen oder bei dramatischen Veränderungen: Das Ende einer Beziehung zählt hierzu, Todesfälle von Partnerinnen und Partnern, in der Familie oder von engen Freunden, extremes Heimweh, Hochzeiten, Kündigungen. Angesichts weinender Sportlerinnen und Sportler könnte man also annehmen, dass diese solche Ereignisse wie Siege, Niederlagen, Auf- und Abstiege als ebenso bedeutend einschätzen wie wir anderen, außerhalb des Sports, die allerwichtigsten Ereignisse einer menschlichen Existenz.

Allerdings erinnert der Tränen-Experte Ad Vingerhoets daran, dass aus quantitativer Perspektive das Weinen nach Schicksalsschlägen einen eher geringen Anteil an der Gesamttränenmenge auf dem Lebensweg eines Menschen ausmacht. Viel häufiger wird es von eher sekundären Ereignissen ausgelöst: von Filmen, die man im Kino sieht, Musik, die man hört, Büchern, die man liest, aufgrund von Freude, Selbstmitleid oder Wut, und durch das Gefühl von Macht- oder Hilflosigkeit. „Attachment issues" führen häufig zu Tränen: Szenen, ob erlebt oder konsumiert, in denen es darum geht, wohin oder zu wem jemand gehört oder nicht gehört. Aber nach Vingerhoets sind Tränen im menschlichen Leben viel zu häufig, als dass man jedem Weinausbruch dramatische Signifikanz zuschreiben sollte.

Es ist also unklar für uns als Zeugen des Heulens, ob sich weinende Sport-Stars in einem eher „milden" emotionalen Zustand befinden oder in einer dramatischen emotionalen Situation (Vingerhoets 2013, 97). Wir wissen nicht, was und wie viel ihre Tränen bedeuten. Sie müssen also in einen Zusammenhang gestellt werden, medial und narrativ. Dies entspricht auch der generellen Funktion von Erwachsenentränen, wie sie ein Aufsatz von Vingerhoets und Bylsma beschreibt, der sich mit dem „Rätsel" des emotionalen Weinens befasst. Tränen, sagt diese Studie, erinnerten die weinende Person generell daran, dass eine bestimmte Situation eine große Bedeutung habe, entweder für sie selbst oder für die Gesellschaft. Sie könnten als „Ausrufezeichen" verstanden werden, die das Unterbewusste setze, könnten also per se ein Effekt innerhalb einer Erzählung sein, im eigenen Denken oder in der Kommunikation nach außen (Vingerhoets/Bylsma 2015).

So unmissverständlich ein Ausrufezeichen jedoch sein mag: Die Interpretationsarbeit am weinenden Menschen wird dadurch erschwert, dass die meisten Individuen dazu neigen, Traurigkeit und Tränen vor ihren Mitmenschen zu verstecken. Es ist Weinenden anscheinend unbewusst klar, welche Kraft die Signale haben, die sie aussenden – und auch, dass die Aufnahme dieser Signale unterschiedliche Reaktionen hervorrufen kann. Nach Jane Goodrum können ihre Traurigkeit kommunizierende Personen einerseits darauf hoffen, Trost zu finden und soziale Beziehungen zu stärken. Traurigkeit auszudrücken befördert gegenseitiges Verstehen. Andererseits könnte das Heulen und Wehklagen von der Außenwelt auch als übertrieben abgetan werden. Diesen negativen Ausgang des Weinereignisses müssen traurige Menschen befürchten. Er ist realistisch. Traurigkeit offen zu zeigen lässt sich folglich als „soziale Herausforderung" bezeichnen, nicht nur für die Beobachter des Weinens, sondern für die Weinenden selbst (Goodrum 2023, 99 f.).

Ad Vingerhoets referiert Arbeiten des Psychologen Hans Znoj, die dieses Problem besonders deutlich machen. Znoj hat zwölf verschiedene Gesten entdeckt, die zum menschlichen Weinvorgang gehören. Sie zielen fast alle darauf ab, das Fließen von Tränen zu behindern. Weinende pressen die Augen zusammen, berühren die Gegend der Augen, wischen sich die Nase, verstecken ihr Gesicht, entweder mit der Hand oder indem sie den Kopf senken. Sie drücken die Lippen aufeinander, schlucken, putzen sich die Nase, machen kurze zuckende Bewegungen, führen auf den ersten Blick irrelevante, für sich sorgende Gesten aus (streichen sich etwa die Haare zurück), befassen sich mit Mundkontrolle (versuchen zu lächeln oder belecken sich die Lippen mit der Zunge), seufzen, oder schauen nach oben, für einen kurzen Moment, auch als Versuch, die Tränen zu bekämpfen (Vingerhoets 2013, 14 f.). Das Spektrum von Reaktionen verrät, dass Tränen bei Weinenden selbst nicht unbedingt willkommen sind. Und die hier deutlich werdende Ambivalenz – zwischen dem Aussenden starker Signale und dem Zurückdrängen eben dieser – formt auch den medialen Umgang mit den weinenden Sportlern der Gegenwart.

Geschichte des Weinens und seiner Unterdrückung

Ein Blick in die Geschichte des Weinens führt in ein vergleichbares Spannungsfeld. Vor der Aufklärung etwa wurde das Weinen zwar als selbstverständliche menschliche Praxis gesehen: als natürliche Reaktion auf Verlust, auf den Tod, auch als Beleg authentischen Christentums. Helden durften weinen. Zumindest lässt sich das an frühen literarischen Texten belegen. Im achten Jahrhundert, in *Beowulf*, nähert sich Hrothgar, der König der Dänen, dem Protagonisten, dankt ihm für seine Heldentaten, umarmt ihn, küsst ihn und weint dabei. Im *Rolandslied*, um 1100 entstanden, weint der titelgebende Krieger bitterlich, betrauert einen gefallenen Mitstreiter mit exzeptioneller Intensität (wird darüber sogar ohnmächtig), und Tränen werden dann auch von Karl dem Großen selbst und diversen Rittern vergossen, als Roland selbst zu betrauern ist.Wie der Tränenhistoriker Tom Lutz argumentiert, werden erst im 20. Jahrhundert männliches Heldentum und Tränenlosigkeit eng miteinander verschränkt (Lutz 1999, 63 f.).

Allerdings gab es Weinbegrenzungen auch lange vor der Moderne. Wer zu viele Tränen vergoss, stellte seine eigenen menschlichen Gefühle zu sehr in den Vordergrund, statt sich still Gott unterzuordnen. Zudem befürchteten kirchliche Autoritäten hinter allzu hemmungsloser Traurigkeit, zudem öffentlich dargestellt, die Gefahr von Unruhe, gar Rebellion (Dixon 2023, 32 f.).

Eine ähnliche Spannung findet sich in den literarischen und philosophischen Diskursen des 18. und 19. Jahrhunderts. Auf Buchseiten flossen in dieser Zeit unzählige Tränen: beim jungen Werther, bei den Protagonistinnen und Protagonisten sentimentaler Romane, in den Werken von Charles Dickens, von Harriet Beecher-Stowe. Tränen wiesen, das ist offensichtlich, tief empfundene Gefühle nach, in den Figuren literarischer Texte ebenso wie in den Konsumierenden, den Lesenden selbst. Sie hatten nicht nur privaten Charakter, sondern spielten auch eine Rolle in der Auseinandersetzung mit den sozialen Themen der Zeit: der Industrialisierung, bei Dickens, der Sklaverei, bei Stowe. Solche gigantischen Probleme rührten Privatpersonen zu Tränen. Aber auch diese Epoche stellte das Weinen wieder und wieder in Frage, zog die Authentizität des jeweiligen Zusammenbruchs in Zweifel, diskutierte das Phänomen der Krokodilstränen und reflektierte manipulative Emotionalität (Lutz 1999, 48 f.).

Das aufstrebende Bürgertum hielt Selbstkontrolle ohnehin für zentral, trennte schärfer zwischen öffentlichem Raum und der mit Gefühlen aufgeladenen Intimsphäre, und entwickelte Geschlechterrollen, die männliches Weinen tabuisierten (Vincent-Buffault 1991, vii–x). Schließlich richtete sich die modernistische Ästhetik dann bewusst gegen jede Form von Sentimentalität – und damit gegen öffentlich vergossene Tränen. Moderne Männlichkeit definierte sich im Kontrast mit „weicher" Emotionalität, als muskulös, soldatisch, energisch, ehrgeizig, aggressiv, wettbewerbsorientiert. Man könnte sagen: sportlich (Strychacz 2002, 141 f.). Emotionshistoriker Peter Stearns definiert das Attribut „cool" als zentral für den Stil des 20. Jahrhunderts (Stearns 1994). Und Michael Ott zeigt in einem einschlägigen Aufsatz, wie eng die Zusammenhänge sind zwischen der Entwicklung des Sports als kulturellem Phänomen und der Entstehung einer „Disziplinargesellschaft". Sport funktioniert in spezifischen Disziplinen, und antrainierte Disziplin lässt Sportler funktionieren. Sie werden getestet, geprüft, ausgewählt oder einsortiert, auf ihre körperlichen und mentalen Stärken und Schwächen hin begutachtet (Ott 2008). Einiges deutet darauf hin, dass das gesellschaftliche Feld des Sports die Weinkontrolle besonders stark ins Zentrum rückte. „Boys don't cry": Eigentlich will man mit Tränen auf sich aufmerksam machen, aber man spürt den Druck, sie zu verstecken.

Das Emotionale Zeitalter

Heute scheinen die Dinge anders zu liegen. Die Gefühlsdisziplinierung des 20. Jahrhunderts ist dahin, zumindest in westlichen Demokratien. Man ist nun vermeintlich frei, seine Emotionen, auch Angst, auch Traurigkeit, offen zu präsentieren. „Der moderne Mensch zeigt wieder Gefühl", so die Soziologin Konstanze Senge. Der „emotional turn" breite sich selbst in Management und Wirtschaft aus, die doch von „Kalkulation und Berechnung" beherrscht seien (Senge 2022, 1–2).

Es gibt gute Gründe, dies als positive Entwicklung zu bewerten. Jeffrey A. Kottler spricht schon in den 1990er Jahren von einem „neuen Zeitalter", in dem Menschen „die komplexen Nuancen" des Weinens, einer eigenen Sprache, wie er meint, zu verstehen lernten. Öffentlich zu weinen sei ein Zeichen von Courage. Verletzlichkeit werde nun respektiert. Kottler referiert die Tränen amerikanischer Präsidenten und jene von Profisportlern und -trainern als Beispiele dafür, „dass wir uns einer besseren Zeit für Tränen nähern" (Kottler 1997, 256–259).

Einige Jahrzehnte später scheint diese Epoche tatsächlich angebrochen. Kulturwissenschaftliche Forschung hilft uns zu realisieren, dass auch der in den Medien ständig gebrauchte (und nur deshalb hier aufgenommene) Begriff des „emotionalen Moments" in die Irre führt: Es kann nicht die Rede davon sein, dass Individuen, ob Sportler, ob Nicht-Sportler, die meiste Zeit ihres alltäglichen

Lebens „emotionslos“ verbringen und nur in bestimmten Augenblicken Gefühlsaufwallungen verspüren. Auch der Ausdruck „emotional zu werden“, immer wieder benutzt, basiert auf einem irrigen Konzept. Viel eher sollte man sich Emotionen als ständig aktive Phänomene vorstellen, die uns als Individuen durchgehend mit unserer sozialen Umwelt verbinden (Jacobsen 2023, 5). Tatsächlich scheint es gar nicht möglich, Emotionen zu verbergen und dann, wie in einer Art psychischem Unwetter, plötzlich von ihnen erfasst zu werden. Sie sind immer schon Teil kommunikativer Prozesse (Harding/Pribram 2009b, 12 f.; Harding 2009a, 267). Diese Tatsache anzuerkennen könnte befreiend wirken.

Eva Illouz hat allerdings kritisch herausgearbeitet, wie die einstige Trennung zwischen von emotionalen Interaktionen angefüllter Privatsphäre und dem von Rationalität geprägten öffentlichen Raum sich in diesem gefühlsfreundlichen Zeitalter auflöst. Im „emotionalen Kapitalismus“, so Illouz, gilt die Marktlogik auch im Privat- und Liebesleben, Dating-Plattformen sind ein exzellentes Beispiel. Und auch der Arbeitsplatz ist ein Ort der Emotionen, oder zumindest ein Ort der Kommunikation über sie, und das Beherrschen emotionaler Kommunikation eine Voraussetzung für beruflichen Erfolg. Tränen dürfen und sollen fließen, gesehen und besprochen werden, aber dies ist nach Illouz kein Effekt persönlicher Befreiung, sondern dient eher dazu, Arbeitsprozesse zu erleichtern. Sie spricht von einer Sentimentalisierung der Öffentlichkeit und einem und von einem Prozess, der Emotionen von ihren konkreten Funktionen in Handlungen und Beziehungen ablöst und stattdessen das Kommunizieren über sie als zentral setzt. So kann dann die „therapeutische Biografie“ (vom Leiden zum Erfolg) zur Ware werden (oder auch der Dokumentarfilm über einen Tennis-Megastar auf dem Weg zu den Tränen): ein ideales Konsumprodukt ohne besondere Herstellungskosten, in dem ein Individuum seine Emotionen offenlegt, so dass diese dann als Medienprodukte zirkuliert werden können (Illouz 2007; 2008).

Zudem gibt es, das liegt auf der Hand, im Zeitalter sozialer Medien sehr viel mehr Möglichkeiten als zuvor, individuelles Weinen zu dokumentieren und zu verbreiten. Therapeutisches Zeitalter und Medieninnovationen bedingen einander. Je mehr Bilder, Videos, Texte über emotionale Menschen zirkulieren, desto mehr werden sich Menschen als emotional definieren. Und je bedeutender Emotionen im Therapeutischen Zeitalter erscheinen, desto mehr werden sich Content-Produzierende daran versuchen, menschliche Emotionen festzuhalten. Die oberflächliche Annahme, dass es auf TikTok und Instagram nur darauf ankäme, sich und sein Leben als positiv, erfolgreich, glamourös darzustellen, trifft bei näherem Hinsehen nicht zu. Verzweiflung, emotionale Zusammenbrüche, Tränenausbrüche haben ebenso ihren Platz in der digitalen Welt gefunden (Berryman/Kavka 2018, 85 f.). „Sadfishing" – performatives Leiden online – ist zu einer kommunikativen Strategie geworden: Menschen weinen und filmen sich dabei und zeigen diese Videos online, oder sie beschreiben ihren emotionalen Zustand als negativ und traurig, illustrieren diese Posts mit Tränen-Emojis – und hoffen darauf, dass diese Inhalte andere Medienkonsumierende anziehen (Travers 2024; Reid 2024).

Prominente sind mit solchen Strategien besonders erfolgreich. Emotionen zu zeigen, möglichst auch Tränen, wird von ihnen aber auch erwartet. Jerslev und Mortensen verweisen auf den zunehmenden Druck, sich als *celebrity* in den sozialen Medien als authentisches Individuum zu inszenieren. Das Private und das Öffentliche verschwimmen immer weiter, Grenzen zwischen dem vermeintlich Spektakulären und dem Alltäglichen ebenso (Jerslev/Mortensen 2018, 171–172). Es scheint also völlig selbstverständlich, dass sich Sportlerinnen und Sportler, wenn Emotionen sie überkommen, in die medialen Routinen der Gegenwart einfügen und das Verlangen nach authentischen Tränen befriedigen. Vorbildlich erfüllen etwa Federer und Nadal, hemmungslos weinend in der Tennis-Arena, vor Zuschauermassen und diversen Kameras die Nachfrage nach offen zur Schau gestellten intensiven Gefühlen. Angesichts dieser Entwicklungen könnten Hans Znojs Beobachtungen zum reflexhaften Verbergen des Weinens eines Tages nur noch anachronistisch wirken. Nicht die Tränen wären dann peinlich, sondern die Versuche, sie zu verstecken.

Sport und Selbstbeherrschung

Genf, am 22. Juli 2025, mitten im Emotionalen Zeitalter: Es läuft das Halbfinale der Fußball-Europameisterschaft der Frauen. Das Spiel zwischen Italien und England steht 1:1. Wenige Minuten vor Ende der Verlängerung ist der englischen Nationalmannschaft ein Elfmeter zugesprochen worden. Die italienische Torhüterin hält diesen zwar, doch die Strafstoßschützin verwandelt den Nachschuss. Es steht 2:1. England jubelt ausführlich. Das Spiel ist so gut wie entschieden, läuft noch ein paar Minuten weiter, es gibt Einwurf für England, die Spielerinnen lassen sich Zeit, ihn auszuführen, die Bildregie nutzt die Pause für Blicke abseits des Feldes. Gezeigt werden jubelnde England-Fans. Dann wird zur italienischen Ersatzbank geschnitten. Dort sitzt, zwischen ihren Mitspielerinnen, Sofia Cantore und weint. Das ist deutlich zu erkennen. Ihr Gesicht ist verzerrt. Ihre Augen sind feucht (Abb. 1).

Sofia Cantore, 25 Jahre alt, Stürmerin, war früher bei Juventus Turin aktiv, und spielt nun bei den Washington Spirit in der US-amerikanischen Hauptstadt. Sie ist bei

Abb. 1 Sofia Cantore verbirgt ihre Tränen

dieser Europameisterschaft eine entscheidende Akteurin ihres Teams. Im Viertelfinale hat sie beide italienische Tore für den Sieg gegen Norwegen vorbereitet und auch heute das 1:0 durch einen Flankenlauf und eine präzise Hereingabe ermöglicht. Cantore wurde in der 73. Minute ausgewechselt. Der italienische Trainer verstärkte die Defensive. Erst in der Nachspielzeit glich England aus. Die Verlängerung kam. Nun hat Cantore nach dem 1:1 auch noch das 2:1 fallen sehen und ist offensichtlich darüber verzweifelt. Die Kamera ruht auf ihrem Gesicht.

Lockt hier eine weitere *emodity*? Der Rohstoff Träne ist deutlich zu sehen. Cantore ist zwar kein Star der Federer/Nadal-Kategorie. Aber ihr Weinen könnte sich nun dokumentieren und medial nutzen lassen. Es hat große visuelle Kraft. Wenn auch nicht lange. Denn die Antwort der Spielerin auf die Präsenz der Kamera ist eindeutig. Schon während sie ihr Gesicht für ein paar Momente offen zeigt (zuvor hatte sie ihren Kopf an die Schulter einer Mitspielerin gelegt), bereitet sie das Verbergen ihrer Tränen vor. Sie zieht an den Ärmeln ihres Sportfunktionsoberteils, bis zu den Fingerspitzen reichen sie jetzt, sie hebt die Arme und bedeckt ihre Augen mit den stoffbedeckten Händen. Lehnt sich dann zurück. Nun sieht man ihre Augen und Gesicht nicht mehr, nicht einmal ihre bloßen Hände, nur aus dem Stoff hervorlugende Fingerspitzen, und in diesem Moment sagt der Kommentator des Zweiten Deutschen Fernsehens, ebenfalls Sofia Cantore betrachtend (während des Spiels hat er einen Witz gemacht, der auf das Wortspiel Cantore / „kann Tore" aufbaute): „Die ersten Tränen fließen schon" (ZDF 2025). Tatsächlich aber sieht man die Tränen in diesem Augenblick schon nicht mehr. Dafür hat Cantore gesorgt. Ihr Gesicht ist verborgen. Ob etwas fließt oder nicht, ist völlig unklar. Diese Stürmerin hat anscheinend kein Interesse, Bildmaterial für das Emotionale Zeitalter zu produzieren. Vielleicht, weil das Spiel noch nicht zu Ende ist.

Es ist eine typische Szene. Sportlerinnen und Sportler mögen zwar immer wieder beim Weinen beobachtet werden, aber Tränen sind ihnen meist nicht willkommen, zumindest, wenn das Karriereende noch nicht erreicht ist. Die Sportsoziologie beobachtet, dass jede Form der Athletik von Emotionsmanagement und vom Unterdrücken bestimmter Emotionen geprägt ist, und dies unabhängig von der Geschlechtsidentität. Im Vordergrund des aktiven Sports steht sehr oft, gegen die eigene Sensibilität anzukämpfen, Schmerz zu ignorieren, Gewalttätigkeit zu ertragen und durchaus auch Leiden bei Gegner oder Gegnerinnen als normal hinzunehmen. Empathische Reaktionen sollen verdrängt werden (Duquin 2000, 477–489). Das Weinen als immer auch soziale Praxis (eine Herausforderung an den Mitmenschen, sich mit dem heulenden Individuum zu befassen) passt nicht in diesen Kontext.

Als Gewährsmann kann man den amerikanischen Psychologen und Tennistrainer Allen Fox heranziehen. In seinen Einlassungen zur „Emotionskontrolle" im Tennis beschreibt Fox den Sport als archaischen Kampf zweier

Individuen, der in den Opponenten zwar für Gefühlsaufwallungen sorgen wird, in der das Ziel aber sein müsse, „rational, unemotional und praktisch“ zu bleiben. Mit den „logischen Teilen ihrer Gehirne“ müssten Spieler die störenden Emotionen verdrängen, ständig wachsam sein, sich nicht in Gefühlen verlieren (Fox 2025).

Wenn Sportler weinen, so Michael Ott, unterbrechen sie das System der Disziplinierung, den „Selbstbeherrschungszwang“ und die „Gewalt der (Selbst-)Unterwerfung unter die Normen des Sports“. Ott stellt einen Gegensatz her zwischen der vom Sport geforderten „Coolness“ und den heißen Tränen des Weinenden (Ott 2008, 214 ff.). Im stets von Konkurrenz geprägten System Sport ist davon auszugehen, dass Traurigkeit selten zur Schau gestellt wird. Denn Athletinnen und Athleten, die aufgrund mentaler Blockaden keine Leistung erbringen, werden stigmatisiert. Der Begriff ‚head case‘, so ein Experte, sei das Etikett, das Athleten mit mentalen Problemen zugewiesen werde. Psychologische Schwierigkeiten würden noch immer eher als vermeintliche „Charakterfehler“ angesehen und seltener als behandelbare Komplikationen. Schwierige psychische Probleme von Sportlern führen daher nach Parry in das genaue Gegenteil der medialen Repräsentation von „emotionalen Momenten“: nämlich in die Geheimhaltung, in das Schweigen über emotionales Leiden (Parry 2024, 40–44).

Sportlertränen fließen also heute in einem Zwischenraum. Dieser befindet sich zwischen der tränenfreundlichen Gegenwartskultur, in der wir Nicht-Sportler uns vermeintlich befinden, und dem Feld des Leistungssports, in dem Emotionen noch immer unterdrückt, diszipliniert, versteckt werden. In einem frühen Aufsatz zu Tennistränen hat Marcus Stauff das Aufeinandertreffen zweier Sichtweisen analysiert: von Sportlern als Akteuren in Extremsituationen und, da Spielregeln unterworfen, mit „geringem

Handlungsspielraum“, und von Fernsehkommentatoren, die aus „individual-psychologischer Perspektive“ das Geschehen interpretierten (Stauff 2002). Stauffs Aufsatz erkundet das Weinen eines Tennisprofis während des Spiels. Zumeist fließen die Tränen aber tatsächlich in einer Übergangszone: bei Interviews am Spielfeldrand, bei Pressekonferenzen und anderen Medienauftritten (sozusagen: am erweiterten Rand des Spielfelds). Hier wirkt das Gegeneinander des Systems Sport und der Kultur des Emotionalen besonders stark.

Relevant ist dieser Zwischenraum vor allem deshalb, weil nicht nur Athletinnen und Athleten in ihm agieren. Denn die Toleranz des „emotionalen Kapitalismus“ für Gefühlsausbrüche wird sicher übertrieben – und die Rede vom tränenfreundlichen Zeitalter der Emotionen scheint allzu verknappt. Fraglos kennen auch Nichtsportler Normalitätszwang und emotionale Kälte, im Alltag, im Beruf, daran wird das Aufblühen des emotionsorientierten Diskurses nicht viel ändern. Daher betrachten wir die weinenden Sportlerinnen und Sportler in der Zone zwischen Leistungsdruck einerseits und der Akzeptanz von Trauer und Verletzlichkeit andererseits und sehen: uns selbst. In den Worten Söntgens und Spiekermanns: „Das Weinen [gibt] dem disziplinierten Mängelwesen Mensch die kompensatorische Möglichkeit einer selbstbewusst gebrochenen, aber im Wissen um die Brechung dennoch authentischen Kommunikation“ (Söntgen/Spiekermann 2008, 15).

Schließlich noch ein Wort zur Methode, mit der diese Kommunikation hier untersucht wird. Auf spekulatives Psychologisieren verzichtet der Essay (abgesehen von Momenten leichter Inkonsequenz). Warum Sportlerinnen und Sportler weinen oder nicht weinen und was das Publikum im Angesicht der Tränen empfindet? Diese Fragen lohnen in der Regel nicht. Es muss stattdessen um die medialen Produkte gehen, die das Weinen umrahmen, in denen Tränen Funktionen übernehmen und mit Ideen verknüpft werden. Mediale Repräsentationen von „emotionalen Momenten" erzählen vom verbalen und körperlichen Agieren, von Intimität und öffentlichem Handeln, von dem Drang, in Tränen zusammenzubrechen, und dem Druck, sich zu kontrollieren. Um diese Ambivalenzen festhalten zu können, mutet dieser Essay, man hat es wohl schon bemerkt, Lesenden einige beschreibende Passagen zu. Diese strapazieren die Geduld, das ist wahrscheinlich, aber sie sind hier dringend vonnöten. Weinszenen haben zu viele Nuancen, um als Kurzbeispiele vorbeizurattern. Es braucht, wir reden schließlich vom Sport, auch den Blick auf die Zeitlupe.

Die unzähligen Tränen des bestbezahlten Fußballers der Welt

Das Kind aus Madeira in Lissabon

Ganz allein muss der Junge im Alter von zwölf Jahren die Insel verlassen, auf der er aufgewachsen ist. In anderen, sportspezifischen Worten: Der Nachwuchsspieler wird von Nacional Funchal zu Sporting Lissabon transferiert. Schon das ist eine Ausnahme. Normal ist es zu dieser Zeit, der Jugendakademie des Hauptstadtclubs erst mit vierzehn beizutreten. Noch einmal dramatischer wird die Lage des Jungen durch die Entfernung zwischen seiner Heimat Madeira und dem portugiesischen Festland. Er stammt aus sozial schwachen Verhältnissen in Funchal, ist in einer von Suchtproblemen geprägten Familie aufgewachsen, und trägt nun, mit zwölf, die Verantwortung, durch sein sportliches Talent die Familie zu unterstützen. Das ist eine emotionale Herausforderung. Allerdings hat der Junge auch das große Selbstbewusstsein eines hochtalentierten Nachwuchssportlers.

C. Ribbat, *Sport und Tränen,* Essays zur Gegenwartsästhetik, https://doi.org/10.1007/978-3-662-72699-0_3

Er besucht die Schule in Lissabon. Am ersten Tag kommt er zu spät, weil es den Weg dorthin nicht findet. Er wird von seinen Mitschülern ausgelacht, wegen seines madeiranischen Akzents. Er weint viel. Sagt seiner Mutter am Telefon, es wolle nach Hause kommen. Hört von seiner Mutter, er solle die anderen Kinder ignorieren. Er bekommt Telefonkarten, so lange sind diese Geschehnisse schon her, um die Familie auf Madeira von einer Telefonzelle außerhalb des Sportinternats anzurufen. Er weint bei jedem dieser Gespräche, achtet aber darauf, zu weinen aufzuhören, bevor er wieder das Gebäude betritt. Niemand soll die Tränen sehen (Balague 2015).

Auch der erwachsene Cristiano Ronaldo, einer der erfolgreichsten, wohlhabendsten und weltweit bekanntesten Sportler überhaupt, von Sporting Lissabon zu Manchester United, dann zu Real Madrid gewechselt, zu einem Weltstar geworden und inzwischen in Saudi-Arabien aktiv, ist dafür bekannt, dass er häufig in Tränen ausbricht. Dabei handelt es sich nicht um die einzige Auffälligkeit seines körperlichen Verhaltens. Vor von ihm ausgeführten Freistößen etwa posiert er in cowboyhaft breitbeiniger Pose. Von ihm selbst erzielte Tore bejubelt er in einer eigenen, kriegerisch wirkenden Choreografie, die insbesondere dann exzessiv wirkt, wenn es sich um nicht allzu bedeutende Treffer handelt oder wenn die Vorbereitung durch einen Mitspieler viel mehr beeindruckt als der Torschuss. Generell erscheint Cristiano Ronaldo eher als Individualist denn als Teamspieler, als sich selbst glorifizierende Figur, im machohaften Stil.

Und dann sind da die Tränen. Im Europameisterschaftsfinale 2016 fließen sie noch auf dem Spielfeld, nachdem sich Ronaldo am Knie verletzt hat. Er sitzt auf dem Rasen, wartet darauf, abtransportiert zu werden, weint. Auch die Europameisterschaft 2024 sieht ihn noch während des Spiels weinen: Der Tränenausbruch ereilt ihn anlässlich eines vergebenen Elfmeters gegen Slowenien. Es ließen sich zahlreiche weitere Weinereignisse aufzählen. Sie machen neugierig.

Deutungen der Nummer 7

In der globalen „Sports Show" ist Cristiano Ronaldo seit Jahrzehnten dauerpräsent. Es dürfte Millionen unterschiedlicher Mikro-Interpretationen seines Charakters, seiner Gesten, seines Weinens geben, entwickelt von glaubwürdigen und selbsternannten Cristiano Ronaldo-Expertinnen und -Experten oder schlicht von Fußballfans oder eher zufällig Spiele konsumierenden Personen, die ihm im Laufe seiner Karriere auf einem Bildschirm begegnet sind. Die Persönlichkeit, die er kultiviert, wirkt aggressiv, unverwundbar. Wenn die Tränen nicht wären.

Welche Schlüsse ziehen Ronaldo-Fachleute, wenn sie diese widersprüchliche Person betrachten? Aus den Massen von Analysen ragen zwei größer angelegte Charakterstudien heraus: Luca Caiolis 2017 erschienene Biografie *Ronaldo: The Obsession for Perfection* und Guillem Balagues Lebensgeschichte *Cristiano Ronaldo* (2015). Es lohnt sich, in diesen beiden Werken, beide in der triumphalsten Phase dieser Sportlerlaufbahn verfasst, nach Deutungen von Ronaldos Tränen zu suchen.

Caiolis *Ronaldo* versucht sich nicht an wissenschaftlicher Analyse oder kritischer Distanz. Das Werk bewegt sich von Meisterschaftssaison zu Meisterschaftssaison, internationalem Turnier zu internationalem Turnier, beleuchtet die von Ronaldo aufgestellten Rekorde, sein Verhältnis zu Mitspielern, Gegenspielern, Trainern. Man liest eine klassische Sportbiografie, bei der das interpretierende Moment darin besteht, dass eben nicht interpretiert wird, sondern aufgezählt: Tore, Leistungen, Titel. An einer Stelle wird Ronaldos größte Schwäche angesprochen (er kann nicht gut verlieren), hier scheint die Schwelle zur Deutung erreicht, doch schon im nächsten Absatz geht es wieder um ein Madrid-Barcelona-Duell, das Ronaldo mit einem atemberaubenden Tor in der 85. Minute für seinen Verein entscheidet. Die Diskussion seiner Schwäche verschwindet wieder im Hintergrund.

Regelmäßig taucht in Caiolis Werk der weinende Ronaldo auf, mal nach Niederlagen, mal nach Triumphen. *Ronaldo* beleuchtet insbesondere Ronaldos Tränen bei der Vergabe des Ballon d'Or für den besten Spieler Europas, im Jahre 2014, als er seine Dankesrede vor Rührung kaum halten konnte: In diesem Moment, mit diesen Tränen, habe sich Ronaldo aus einem gelegentlich für arrogant und überheblich gehaltenen Superstar in einen „gewöhnlichen Sterblichen" verwandelt. Der „echte Cristiano", so will es Caioli, sei in diesem Moment sichtbar geworden. Er habe sein eigenes Herz geöffnet und so andere Herzen erreicht (Caioli 2017).

Diese Biografie, für die Ronaldo selbst nicht zur Verfügung stand, sammelt Interviewaussagen des Protagonisten und bestückt mit diesen Fragmenten die ersten beiden Kapitel. Ronaldo sagt darin etwa, dass er nicht perfekt sei. Ronaldo sagt, dass es an manchen Tagen nicht einfach sei, Cristiano Ronaldo zu sein. Ronaldo sagt, dass die Leute ihn beneideten, weil er reich sei, gutaussehend und ein sehr guter Fußballer. Ronaldo sagt, dass er ein normaler Typ sei und Gefühle habe wie jeder andere auch. Ronaldo sagt, dass er damals in der Jugendakademie von Lissabon täglich geweint habe und dass er heute immer noch weine. Er weine „viele Tränen, mal glückliche, mal traurige". Es sei gut zu weinen, sagt Ronaldo. Zu weinen sei ein Teil des Lebens.

Caioli präsentiert diese unkommentierten Sentenzen wie Lebensweisheiten. Wir Lesenden sollen wohl, wenn wir so erfolgreich wie Cristiano Ronaldo sein wollen, die Meinungen des Megastars teilen. Entweder man sieht darin einen weiteren Schritt in eine Zukunft von mehr Tränen- und Traurigkeitsakzeptanz und somit, wir folgen wieder Jane Goodrum, in eine gerechtere, sensiblere Welt (Goodrum 2023) – oder man hält die Biografie für eine weitere *emodity*, die mit dem Mix von Erfolgsgeschichte und Gefühligkeit so kommerziell attraktiv wie möglich sein möchte.

Einen anderen Blickwinkel versucht Guillem Balagues Ronaldo-Biografie. Auch dieser Autor hatte keinen Zugang zum Protagonisten seines Werks. Seine Studie *Cristiano Ronaldo* geht jedoch sehr viel offener mit der dadurch gegebenen Distanz um, und ebenso mit der Tatsache, dass Ronaldos Lebensgeschichte wohl Milliarden von Menschen in Grundzügen bekannt ist. Jeder mache Bilder vom Eiffelturm, so Balague zu Beginn, aber entscheidend sei es, „das Bild zu machen, das noch niemand gesehen hat" (Balague 2015, 17). Und die psychologisierende Analyse des nah am Wasser gebauten Fußball-Eiffelturms Ronaldo soll die Originalität hervorbringen, die Balague verspricht.

Zu Beginn erscheint die Lebensgeschichte noch wie ein traditioneller Initiationstext: Ein Kind verlässt eine Insel und kommt nach Lissabon, und Fremdheit, Traurigkeit, Heimweh prägen diese Sequenzen. Balague will jedoch auch den erwachsenen Ronaldo durchleuchten – und hat dazu Quellen gesammelt und Interviews geführt. Er zitiert die schriftliche Einschätzung eines bei Sporting Lissabon tätigen Trainers. Der Spieler Cristiano Ronaldo sei „eigensinnig", so das Dokument, ihm fehlten „mentale Stärke" sowie die Fähigkeit zur Konzentration. Balague zitiert eine anonyme Perspektive, die Ronaldos häufiges Weinen bis ins Erwachsenenalter hinein auf seinen dysfunktionalen Familienhintergrund zurückführt, auf die mangelnde Präsenz des alkoholkranken Vaters. Zur noch expliziteren

Diagnostik referiert er den englischen Psychologen Peter Collett, der anhand von Videos die Körpersprache des Fußballers als Ausdruck von dessen komplizierter Persönlichkeit untersucht. Collett befasst sich mit Ronaldos theatralischem Jubel (nach eigenem Torerfolg) und mit dessen Zurückhaltung, mit der Mannschaft zu jubeln (bei den Torerfolgen anderer). Der Psychologe liest diese Reaktionen als eine Art Selbstbestrafung, wurzelnd in übertriebenem Ehrgeiz. Schließlich ergründet Collett die Körpersprache Ronaldos im Verhalten zu dessen damaliger Partnerin und dem gemeinsamen Sohn und konstatiert daraufhin Misstrauen (Ronaldos der Partnerin gegenüber) und Künstlichkeit im Verhalten insgesamt (Balague 2015, 65 f.; 87 f.; 170 f.; 259 f.).

Balague weist schließlich darauf hin, dass die Agentur GestiFute eine zentrale Rolle darin gespielt habe, Ronaldo während seiner Jahre bei Real Madrid als globale Werbeikone aufzubauen. Es seien ein Imageberater und ein Psychologe für Ronaldo engagiert worden, mit dem Ziel, den Spieler zu beruhigen, seine impulsive Emotionalität abzuschwächen. Diese Konstruiertheit sieht Balague kritisch, auch mit Bezug auf Ronaldos Attraktivität. Der Spieler sei kaum ein „Sexsymbol", urteilt der Biograf, basierend auf einem Interview mit einer anonymen Expertin. Frauen störten sich an seinen zu perfekt frisierten Augenbrauen, seinen perfekten Zähnen, seiner Kleidung. Er wirke zu „metrosexuell", zu verliebt in sich selbst – und seine so häufig fließenden Tränen würden bei Frauen vielleicht den „Mutterinstinkt" wecken, aber nicht das Verlangen erwecken, mit ihm ins Bett zu gehen. Die Fachfrau, deren Einschätzungen hier referiert werden, Gattin einer „argentinischen Fußball-Legende", so Balague, beschäftige sich seit vielen Jahren mit dem „Ronaldo-Phänomen". Und sie spricht anscheinend für diverse Zeitzeuginnen. „Viele von uns Frauen spüren, dass da irgendetwas nicht richtig ist“, so ihr Urteil zum größten Sohn Madeiras (Balague 2015, 275).

Balagues Biografie entdeckt sehr viel mehr in Ronaldo als dies Caiolis simple Heldengeschichte vermag. Der Spieler erscheint in einem sporthistorischen Kontext, als Produkt seiner Zeit. Folgt man der Spur der Tränen, entdeckt man allerdings, was Balagues kritische Untersuchung wirklich antreibt: ein recht dogmatischer Glaube an das „Normale“, Nicht-Exzessive, Authentische, Kontrollierte. Als Makel Ronaldos sieht Balagues Studie alles, von dem ‚zu viel‘ vorhanden ist: Kosmetik, Image-Beratung, Narzissmus, Kindheitsprobleme – und letztlich auch Tränen. So wird aus einer als besonders originell intendierten Personenstudie ein Werk, das zu den konventionellen Normen der Gefühlsrepression im System Sport zurückkehrt. Und man fragt sich, ob es vielleicht doch nur Ronaldo selbst gelingen kann, seine Beziehung zum Akt des Weinens klischeefrei zu beleuchten: in Gesten, nicht in Worten. Geeignetes Material liegt vor.

Trost für/von Pepe: Umarmung in Hamburg

Im Hamburger Volksparkstadion, 2024: Die Herren-Fußballnationalmannschaft Portugals hat soeben gegen die Auswahl Frankreichs verloren, im Viertelfinale der Europameisterschaft. Ein Elfmeterschießen hat die Partie entschieden. Der letzte Schuss ist erst Augenblicke her. Die Spieler und Betreuer Portugals stehen auf dem Platz und schauen zu den portugiesischen Fans herüber. Aufgrund der hohen Anzahl von Kameras, die ein solches Sportereignis live dokumentieren, erleben die Zuschauer des Spiels auch die Phase nach dem eigentlichen Sportereignis mit. In Internetvideos lassen sich die Reaktionen der portugiesischen Nationalspieler auch noch Monate nach dem Ende des Spiels studieren (CR7IR 2024).

Die Verlierer schauen betreten, das ist wenig überraschend. Einer von ihnen ist Cristiano Ronaldo. Im lose aufgereihten Pulk des portugiesischen Teams nimmt er keine prominente Position ein: Sein Mannschaftskollege João Palhinha etwa steht vor ihm. Ronaldo versteckt sich aber auch nicht. Er hat beide Hände in die Hüften gestützt. Weint wohl nicht. In einem Moment hebt er eine Hand, verzieht den Mund, scheint sich über ein Detail zu ärgern und schaut zur Seite. Dort steht sein Mannschaftskollege Pepe.

Pepe weint. Das ist eindeutig. Er hat seine Hände hinter dem Rücken verschränkt. Hat kurz den Kopf in den Nacken gelegt, wohl um den Fluss der Tränen zu stoppen. Aber sein vom Heulen gezeichnetes Gesicht ist zu sehen und er macht keine Anstalten, es zu verbergen. Ronaldo tritt nun zu Pepe, ein paar Meter muss er gehen, und legt ihm die Arme um den Hals. Pepe schlingt daraufhin seine Hände um Ronaldos Rumpf. So verharren sie. Pepes Kopf liegt auf Ronaldos Schulter (Abb. 1).

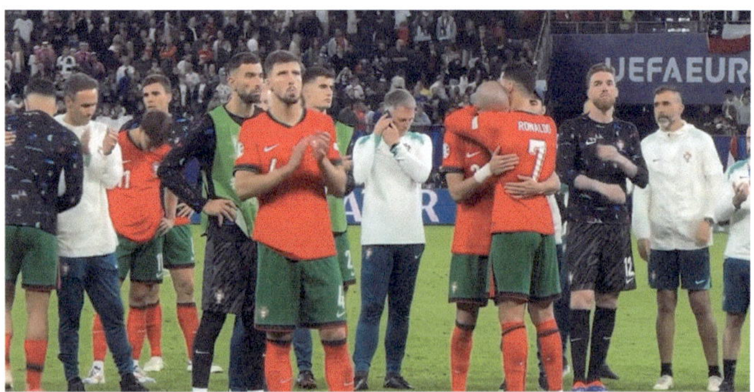

Abb. 1 Die Umarmung von Hamburg (EM 2024)

Es ist eine lange Umarmung zwischen den beiden Männern. Man sieht ihre Gesichter nicht und kann nicht eindeutig feststellen, ob Cristiano Ronaldo weiterhin den aktiven Part des Tröstenden und Pepe den des Getrösteten spielt. Denn rhythmisch klopft eine Hand Pepes auf einen Randbereich von Ronaldos Rücken, geht dann manchmal vom Klopfen in ein liebevolles Drücken über, klopft dann wieder, drückt wieder, klopft wieder. Möglicherweise will der von Ronaldo getröstete Pepe mit diesem Klopfen und Drücken wiederum Cristiano Ronaldo trösten. Für die ersten gut zehn Sekunden stehen die beiden Männer leicht schräg zueinander. Da ist es noch keine allzu enge Umarmung. Dann aber korrigiert Cristiano Ronaldo, in Sportmedien häufig als exzessiv selbstsüchtiger Megastar beschrieben und vielleicht ein ganz anderer Typ Mensch, das Arrangement der beiden Körper. Er stellt sich anders, frontaler zu Pepe. So kann die Umarmung enger werden. Und das wird sie auch. Mehr Tränen. Mehr Trost.

Andere Mitglieder der portugiesischen Mannschaft beteiligen sich nicht an dieser Situation. Es finden auch keine anderen Umarmungen statt. Hinter Pepe und Ronaldo steht etwa ein portugiesischer Betreuer am Mobiltelefon. Er hört anscheinend eine Sprachnachricht ab und scheint sich nicht für die Interaktionen der beiden Stars zu interessieren. Die Mitspieler bleiben stehen, wo sie zuvor gestanden haben.

Nach etwa 25 Sekunden löst sich die Umarmung auf. Die beiden Männer scheinen auseinandertreten zu wollen, doch dann umarmen sie sich noch einmal. Nun legt Pepe seinen Kopf auf Ronaldos andere Schulter. Diese Zweitumarmung dauert nur einen Augenblick, sie wirkt wie eine Abschlussgeste, die das zuvor erfolgte Miteinander bestätigt. Jetzt erst tritt Ruben Dias, ein anderer portugiesischer Spieler, zu den beiden hinzu. Er berührt Ronaldo kurz an der Schulter, legt seine Hand auf Pepes Kopf.

Pepe trocknet sich dann mit dem Saum seines Trikots die Augen. Der Pulk der portugiesischen Spieler und Betreuer bewegt sich nun, sie verlassen langsam das Feld. Cristiano Ronaldo kratzt sich kurz am Kopf. Man wünscht sich in diesem Moment, Peter Colletts Kontaktdaten zu haben, um ihn zur Interpretation dieser Geste einzuladen.

Das Weinen, der Trost, die Berührungen, die alternden Sportsmänner: Auf den ersten Blick erkennt man diverse Ähnlichkeiten zwischen dieser Hamburger Umarmung und den verschränkten Händen, dem „leg squeeze" von London, zwischen Federer und Nadal. Auch im Volksparkstadion berühren sich zwei der prominentesten Vertreter ihrer Sportart, auch hier wird in einer Übergangszone geweint, nicht nur zwischen dem spezifischen, gerade zu Ende gegangenen Spiel und dem, was danach kommt, sondern zwischen der zu Ende gehenden Karriere (Pepe wird nach diesem Spiel seine Laufbahn beschließen) und dem Leben, das den Ex-Sportler dann erwartet.

Markant sind die Unterschiede, was das mediale Nachleben der beiden Weinereignisse betrifft. *Twelve Final Days*, zum Streaming erhältlich, bietet die Dokumentation von Tränen und Trost in einem klar strukturierten Narrativ, das auf emotionale Aufwühlungen zuläuft, und zeigt seine Protagonisten Federer und Nadal als vorbildhafte Männer, die für das Publikum – des Dokumentarfilms selbst, aber auch: der Sportart Tennis – diszipliniert ihre Arbeit verrichten, ob als Athleten oder als Interviewpartner. Sie funktionieren einwandfrei: sowohl im System Sport wie in der *emodity*-Produktion des Emotionalen Zeitalters. Wer sich dagegen in die Umarmung Pepes und Ronaldos vertiefen will, muss online Videoschnipsel suchen und vor Beginn des Gefühlsausbruchs Gebrauchtwagenplattformwerbung ertragen.

Passend zu diesen Unterschieden zwischen medialer Perfektion und Alltäglichkeit handelt es sich bei den beiden sich umarmenden Männern von Hamburg um wesentlich weniger modellhafte Akteure als im Fall von Federer/Nadal. Die charakterlichen Makel Ronaldos sind bekannt. Wer ausführlich zu ihm recherchiert, wird in seinem Lebenslauf nicht nur eine Neigung zu Machogesten und Zeichen für übertriebenen Narzissmus finden, sondern auch eine – allerdings abgewiesene – Vergewaltigungsklage gegen ihn. Aber schon die oberflächliche Betrachtung zu Zeiten der EM 2024 zeigt ihn als immens hoch bezahlten Vertragsspieler eines saudi-arabischen Fußballvereins, damit als Profiteur eines diktatorisch geführten Staates, der konsequent die Menschenrechte verletzt. Und in Pepes Vergangenheit finden sich diverse „emotionale Momente", die wenig mit Empfindsamkeit zu tun haben und viel mit groben Fouls und Tätlichkeiten. Am präsentesten im kollektiven Fußballgedächtnis: seine schockierend brutalen Aussetzer in einem spanischen Ligaspiel des Aprils 2009, die zu einer Sperre von zehn Spielen führten (Lang 2022). Als aggressiver, nicht immer fairer Verteidiger ist Pepe in die Fußballgeschichte eingegangen, eher nicht als Modell von Sportsgeist und Empathie – ähnlich problematisch also wie der Mann in seinen Armen, Portugals Nummer 7. Vielleicht sind es aber gerade diese Makel, die uns den Weg zu einem intensiven Erleben dieses Moments eröffnen: zu jenem „latching-on", das Katya Mandoki beschreibt, dazu, uns als Zuschauer dieser Umarmung hinzugeben, zögerlich, so wie die beiden Umarmenden selbst, und dann doch intensiv (Mandoki 2007).

Zur Erklärung: In einem wichtigen Aufsatz haben sich Nunn und Biressi mit der „emotionalen Arbeit" von Prominenten beschäftigt und den Auswirkungen dieser Arbeit auf uns nichtprominente Akteure. Die Autorinnen sehen einen direkten Zusammenhang zwischen den Emotionen, die Stars bei öffentlichen Auftritten (Interviews, Social Media-Statements) zeigen und mit denen sie ihre Integrität ausdrücken, ihre Authentizität, ihre Hingabe, und den Erwartungen an das normale Nicht-Star-Subjekt in heutigen gesellschaftlichen und wirtschaftlichen Zusammenhängen. So wie für die *celebrities* Erfolg und emotionale Offenheit direkt verknüpft zu sein scheinen, so sollen auch wir Nicht-Stars, so die implizite Botschaft unseres Wirtschaftssystems, emotionale Arbeit leisten und damit unser Funktionieren in Arbeitswelt und Gesellschaft beweisen (Nunn/Biressi 2010, 54). Die medial repräsentierten Tränenmomente der Prominenz seien eine Art „kultureller Imperativ", emotionale Arbeit als Fundament eines produktiven, erfolgreichen Lebens zu sehen (ebd., 59).

Die integren Tennisspieler Federer und Nadal kann man sich in diesem Kontext lebhaft als Vorbilder vorstellen und ihr tränenreiches Zusammensitzen, Weinen und einander Berühren als Botschaft an uns alle, uns ebenso leidenschaftlich professionell und menschlich beeindruckend zu verhalten, einerseits ehrgeizig und diszipliniert, andererseits offen für emotionalen Ausdruck. Die Aufnahmen von Ronaldo und Pepe in Hamburg dagegen, Bilder von schwierigen Männern, erfolgreich sicherlich und materiell absurd privilegiert, aber menschlich kaum vorbildlich, eher problematisch, befreien uns vom Leistungsdruck des Emotionalen Zeitalters. So wie sie müssen wir nicht sein. In ihrer unperfekten Umarmung können wir daher pures ästhetisches Erleben finden.

Zudem kann uns die Szene im Volksparkstadion einen Weg aus dem reflexartigen Vorgehen zeigen, im Blick auf Sportler-Gefühlausbrüche nur Heldenfiguren zu beleuchten. Ronaldo, von der fernen Insel Madeira, und Pepe, eingebürgerter Brasilianer, sind in dieser Trost-und-Tränen-Sequenz in erster Linie Bürger der Republik Portugal. Sie haben nicht als *celebrities* verloren. Portugal hat verloren. Deshalb wird geweint. Die Anthropologen Luc Besnier, Susan Brownell und Thomas F. Carter zeigen sehr anschaulich, dass die Dramen des modernen Sports mit ihren emotionalen Auswirkungen besonders typisch sind für die relativ unhierarchischen Gesellschaften liberaler Demokratien, wie sie etwa Portugal, Gegner Frankreich oder die Bundesrepublik Deutschland als EM-Austragungsland repräsentieren. Extrem hierarchische Gesellschaften könnten nach Besnier, Brownell und Carter kein Interesse daran haben, Rituale ins Zentrum öffentlicher Aufmerksamkeit zu stellen, deren Ausgang unklar und nicht kontrollierbar sei. Der Sport verbreitet, folgt man den Anthropologen, kulturelle Unruhe. Diese ist heftig spürbar, überwältigt, lässt Tränen fließen, besonders bei Fußball-Europa- und Weltmeisterschaften und bei Gewinnern wie bei Verlierern. Mit diesen Theorien im Sinn (und nach dem Ausblenden äußerst relevanter ökonomischer Fragen) wirken Megastar Pepes Tränen und Über-Megastar Ronaldos Trost (oder, wer weiß, der Trost Pepes für den anfangs Tröstenden und dann möglicherweise selbst Trost brauchenden Ronaldo) als Elemente eines demokratischen Rituals unter Gleichen. Dieses wird von uns, ebenfalls Gleichen, emotional berührt betrachtet (Besnier/Brownell/Carter 2018, 4).

Fußball und Gefühle im YouTube-Highlightvideo

"Most Emotional Moments in Football": Die erste Hälfte

Kurz vor den Weihnachtsfeiertagen des Jahres 2024 veröffentlicht der YouTube-Produzent Sir Alex das Video „Most Emotional Moments in Football". Es ist 15 Minuten lang. Im ersten Dreivierteljahr seiner Präsenz online wird es mehr als drei Millionen Mal aufgerufen.

Das Video gehört zu einer größeren Gattung emotional berührender Sportvideozusammenschnitte. Es präsentiert, den Genrekonventionen folgend, montierte Szenen aus Fußballübertragungen oder von Medienereignissen mit Fußballbezug (Pressekonferenzen, Interviews). Diese werden mit dramatisierender, wenn auch nichtssagender Musik unterlegt (in diesem Fall, bei Sir Alex, handelt es sich um eine Endlosschleife von Streichermusik, immer wieder unterbrochen von den Original-TV-Kommentaren

C. Ribbat, *Sport und Tränen*, Essays zur Gegenwartsästhetik, https://doi.org/10.1007/978-3-662-72699-0_4

der für die Montage verwendeten Spiele). Um die Interpretation für das Publikum zu erleichtern, sind gelegentlich Pfeile, Kreise oder schriftliche Kurzerklärungen hinzugefügt. Sie verdeutlichen Details. Ebenfalls bei YouTube populäre Montagen: „Die emotionalsten Momente der Sportgeschichte" (mit dem Versprechen „SAD" angekündigt), ebenso: „Herzzerreißende Momente im Fußball" sowie ein olympischer Zusammenschnitt namens „Momente, die uns in Paris 2024 sprachlos machten". Zudem beliebt: „Sad Moments" der amerikanischen Baseballliga, „Try Not to Cry! Moments" aus der amerikanischen Basketballliga, oder „Wimbledon's Most Sporting Gestures" – ein Zusammenschnitt besonders fairer Aktionen während des Turniers. Es ist eindeutig, dass es sich bei Sir Alex' „Most Emotional Moments in Football" um den Versuch handelt, Betrachtende möglichst zum Weinen zu bringen. Zumindest nutzt die Montage diverse Mechanismen des Sentimentalen. Auf YouTube finden sich jedoch auch verwandte Produkte für Freunde anderer Emotionen, etwa ein Video mit dem Titel: „Schmutzige und brutale Fouls im Fußball".

Es ist herausfordernd, aber notwendig, sich die einzelnen Bestandteile von „Most Emotional Moments in Football" komplett vor Augen zu führen. Beginnen wir also. Die Montage hebt an mit dem Spieler Ronaldo, seinem verschossenen Elfmeter im Europameisterschaftsspiel gegen Slowenien 2024, seinen Tränen (das Video nutzt den englischen Originalkommentar: „almost tears", sagt der Sprecher und dann: „in fact, there are tears"), dem Trost der Mitspieler, den Tränen der Mutter in der VIP-Loge, mehr Ronaldo-Tränen, und seinem dann geglückten Elfmeter samt darauffolgender Entschuldigungsgeste an das Publikum, das er zuvor durch den Fehlschuss enttäuscht haben könnte. Es folgen Bilder des Spielers Endrick, in Tränen hinter einem weißen Real Madrid-

Rednerpult, bei seiner Präsentation als Neuzugang des Vereins. Erst geht Endricks rechte Hand zum rechten Auge, dann seine linke Hand zum linken Auge. Ein Taschentuch wird ihm gereicht, er benutzt es an beiden Augen, legt es weg und wischt dann noch einmal mit bloßen Händen hinterher. Dann: Der Spieler Lochoshvili, der das Leben des Spielers Teigl rettet, auf dem Spielfeld, indem er dem auf dem Boden liegenden Akteur der gegnerischen Mannschaft die Zunge aus den Atemwegen zieht. Der Spieler Jude Bellingham, Real Madrid, sitzt bei schlechtem Wetter unter einer Decke auf der Ersatzbank und reicht diese Decke einem anscheinend frierenden Balljungen. Der weinende Spieler Pepe sitzt in einem TV-Studio und schaut sich den in den Armen Ronaldos weinenden Pepe auf einer Leinwand an. Es folgt das letzte Tor des Spielers Reus für Borussia Dortmund, ein direkt verwandelter Freistoß, und der Abschied des Akteurs durch ein Spalier seiner Mitspieler bei seiner Auswechslung (bei Reus: keine Tränen zu sehen). Der Spieler Harry Kane läuft für Bayern München im Tottenham-Stadion auf, bei seinem früheren Verein also, wird dort mit Applaus empfangen und bleibt tränenfrei, so scheint es. Damit sind die ersten zweieinhalb Minuten des Zusammenschnitts um.

Es folgt der Spieler Ronaldo, der ein Mädchen mit Behinderung vor einem Spiel im Rollstuhl auf das Feld schiebt, dann ein körperbehinderter Junge, der von Jürgen Klopp, zu diesem Zeitpunkt noch Trainer des FC Liverpool, während eines Bildschirmdialogs zu einem Besuch bei diesem Verein eingeladen und dort dann von Spielern begrüßt und freundschaftlich getätschelt wird (bei diesem Jungen sind Tränen zu bemerken). Der Spieler Gündoğan betritt nach einem Jahr als Profi in Barcelona wieder den Rasen für Manchester City, unter lebendigem Applaus des Publikums in Manchester. Der Bundesligaschiedsrichter Ittrich zieht dem nach einer Kollision auf dem Rasen liegenden Spieler Guilavogui die Zunge aus dem Rachen und rettet ihm so das Leben. Ein Spieler trifft per Kopf ins Tor, dreht zum Jubeln ab, zieht das Trikot aus, um das T-Shirt darunter zu zeigen, auf dem ein Foto seiner Mutter abgebildet ist (der Untertitel informiert: „Tribute to his mother who died before the match"). Ein Stürmer bricht in aussichtsreicher Position den Lauf mit dem Ball ab, weil sich der Verteidiger zuvor verletzt hat, ohne Einwirkung des Stürmers; daraufhin nimmt ein Mitspieler dieses Verteidigers diesen Stürmer in den Arm und tätschelt ihm das Gesicht. Und wieder: der Spieler Ronaldo. Ronaldo schießt ein Tor. „Ronaldo gets emotional after his 900th Goal", so der Untertitel. Weinend, so kann man zumindest vermuten, kniet er am Spielfeldrand auf dem Boden, die Hände vor dem Gesicht, beglückwünscht von den Mitspielern. Damit sind die ersten fünf Minuten des 15minütigen Videos um.

Es folgt ein Tor des Fußballclubs West Ham, nach dem ein Balljunge erst unter einer vom Ansturm jubelnder Zuschauer umkippenden Spielfeldbegrenzung eingeklemmt und dann von den Fußballern befreit wird. Der Spieler Silva, FC Chelsea, wird vor einem Spiel verabschiedet: Die Kamera zeigt ihn aus der Nähe und Silva weint heftig. Es folgt die kleine Tochter des Liverpool-Spielers Salah, die im gefüllten Stadion, anscheinend nach dem Spiel, einen Fußball auf das leere Tor zu dribbelt und ihn hineinschießt, und man sieht ihren Vater, der aus der Entfernung lachend dabei zusieht. Der Spieler Veliz verletzt sich ohne Fremdeinwirkung und bricht beim Verlassen des Spielfeldes in Tränen aus. Der Spieler Martinez verletzt sich ohne Fremdeinwirkung und wird von Spielern der gegnerischen Mannschaft vom Feld getragen. Es folgt der Spieler Bender beim Elfmeter, Textinsert: sein „Last Ever Game", und der Torhüter Bürki, der offensichtlich nicht versucht, den Schuss zu halten, und die Umarmung Benders und Bürkis nach dem erzielten Tor. Die organisierte Verabschiedung des Spielers Giroud beim AC Mailand findet statt – man hört die feierliche Stimme des Stadionsprechers, man sieht die Lichteffekte auf Giroud – und der Spieler zeigt sich berührt (feuchte Augen, vor das Gesicht gelegte Hände, Beifall an das ihm applaudierende Publikum) und damit sind sieben Minuten und dreißig Sekunden, die Hälfte dieses Videos, erreicht.

Der Zusammenschnitt wirkt wie ein typisches YouTube-Produkt. Wie Burgess und Green argumentieren, hat diese Plattform eine andere Identität als die konkurrierenden digitalen Angebote unserer Zeit, die häufig für Vereinsamung, gesellschaftliche Polarisierung, toxische Emotionalität und Perfektionismus verantwortlich gemacht werden. YouTube ruft frühere, idealistischere Visionen des Internets in Erinnerung. Hier versammeln sich kreative Individuen. Gemeinschaften können sich um schöpferische Tätigkeiten herum arrangieren. Der „partizipatorische Charakter" des digitalen Mediums steht im Vordergrund, es entsteht, so meint man, ein befreiender, emanzipatorischer Raum. Dies gilt für Videos, die Gitarrenfertigkeiten beibringen ebenso wie für „Coming Out"-Clips. YouTube funktioniert auch als Echokammer für politische Radikalisierung, aber es bietet zuvorderst Raum für die Kreativität „ganz normaler Menschen" und realisiert damit eine zentrale Eigenschaft des frühen Internets.

Dies sind wohl nostalgische Assoziationen. Aber die Plattform selbst wird auch vielfach mit nostalgischen Inhalten bespielt: wie von Sir Alex, diesem sentimentalen Fußballzeithistoriker. Burgess und Green sehen YouTube als ein „kulturelles Archiv", das Menschen weniger Inhalte bringt, die neu für sie sind, als vielmehr solche, die ihnen schon bekannt sind: Musik aus ihrer Jugend, Fernsehshows aus ihrer Kindheit, alte Werbespots. Sie schreiben von „individual enthusiasms and eclectic interests“ der Benutzer, die auf der Plattform ein “living archive of contemporary culture” geschaffen hätten und es jeden Tag aufs Neue ausbauten (Burgess/Green 2018, 123 f.). Man könnte argumentieren, im Geiste dieser Beobachtungen, dass es dem unabhängig arbeitenden Videokünstler Sir Alex gelingt, den hyperkommerzialisierten Fußball aus einem individuellen, quasi „schrägen“ Blickwinkel dazustellen – und tatsächlich eine ganz persönliche Perspektive zu entwickeln, abseits des Mainstream des Sportgeschäfts. Die von ihm erinnerten bzw. gefundenen emotionalen Momente fallen heraus aus den zahllosen Stunden medialer Fußballübertragungen in der globalen „Sports Show“. Sie funktionieren nach einer eigenen emotionalen Logik.

Dieser individuelle Zugriff hat seinen Wert. Denn wie der Soziologe Michael Wetzels darstellt, werden Fan-Emotionen im Fußballumfeld zu oft limitierend und mit recht antiquierten Konzepten dargestellt. Es wird auf Gewalt fokussiert, oder auf einen vermeintlichen „Rausch“ der Massen. Viel wichtiger sei es dagegen, so Wetzels, individuelle Affekte im Publikum zu beobachten, in ihrer Wechselwirkung mit dem Kollektiv: „Heterogenität in der Homogenität“, keine vermeintlichen „kollektiven Emotionen“. Wetzels, der nicht den digitalen Raum, sondern das reale Fußballstadion untersucht, schreibt von einem „Spektrum von emotionalen Interpretationen“, gemeinschaftlich wie individuell (Wetzels 2022, 294 f.). Dieser Lesart folgend könnte man „Sir Alex“ als einen von der Masse unterscheidbaren Fan beschreiben, der online, außerhalb des Stadions, den Fußball so idiosynkratisch wie emotional interpretiert.

„Most Emotional Moments in Football“: Die zweite Hälfte

Die zweite Hälfte des Video-Zusammenschnitts beginnt mit dem Spieler Kylian Mbappé. Dieser schießt ein Tor, und statt konventionell zu jubeln, zieht er sein Trikot über den Kopf und klemmt es am Nacken ein, wodurch an seinem Oberkörper ein T-Shirt mit dem Gesicht eines Mannes mittleren Alters sichtbar wird. Da Mbappé beide Hände frei hat, kann er mit den Zeigefingern Richtung Himmel deuten (das erklärende Textinsert erläutert: „Mbappé Celebration in Tribute to Uncle“). Es folgt: ein angreifender Spieler, der den Ball kurz vor dem Strafraum führt, den Angriff abbricht und den Ball ins Aus spielt, weil der ihn beschattende Verteidiger, man sieht dessen schmerzverzerrtes Gesicht, offensichtlich eine Zerrung erlitten hat. Dann hilft der Torhüter Martinez dem gegnerischen Angreifer Garnacho bei einem Wadenkrampf und gibt ihm nach der Behandlung noch einen Klaps auf den Hintern. Der den Fußballsport verlassende Spieler Ibrahimovic wird im Stadion von seiner Mannschaft verabschiedet und Tränen fließen: bei einzelnen Mitspielern, bei ihm, und auch bei einer Frau, die möglicherweise seine Partnerin ist (sie hat, dies kommt bei weinenden Sportakteuren selten vor, ein Taschentuch dabei und benutzt es). Der Spieler Mbappé entschuldigt sich bei einem weiblichen Fan, dem er versehentlich einen Ball ins Gesicht geschossen hat. Der Spieler Kvara (eigentlich Kvaratskhelia) beginnt nach dem Sieg seines georgischen Nationalteams über Portugal begeistert mit der Mannschaft zu jubeln, unterbricht dies aber, sucht den Spieler Ronaldo auf, fragt ihn anscheinend, ob er dessen Trikot erhalten könne, und trägt dieses später in der Umkleidekabine, deutet beim Umhergehen dort mit beiden Daumen auf den Namen

Ronaldos auf seinem Rücken. Der Spieler Kudus verwandelt einen Freistoß und zeigt beim Torjubel ein T-Shirt mit der handgemalten Aufschrift RIP ATSU (es handelt sich um einen Verweis auf den früh verstorbenen Fußballspieler Christian Atsu, umgekommen während eines Erdbebens in der Türkei im Februar 2023). An einem Regentag hängen die Spieler einer Mannschaft nach und nach den vor ihnen stehenden Einlaufkindern ihre Jacken über die Schultern, um sie vor den Wettereinflüssen zu schützen. Fußballspieler kümmern sich um einen offensichtlich schockierten Balljungen, in dessen unmittelbarer Nähe ein Feuerwerkskörper explodiert ist. Der Spieler Dike scheidet verletzt aus einem Spiel aus, zieht sich das Trikot über den Kopf und weint anscheinend. Der Spieler David erzielt ein Tor, läuft Richtung Eckfahne, zum Torjubel, erhält von jemandem am Spielfeldrand eine rosa Blume und küsst diese, für seine vor zwei Jahren verstorbene Mutter, wie das Text-Insert sagt. Der spanische Nationalspieler Gavi verletzt sich, muss aus der laufenden Partie ausscheiden, schlägt die Hände vors Gesicht, möglicherweise weinend, und bei einem darauffolgenden spanischen Tor hält der Schütze Torres Gavis Trikot hoch. Der Spieler Ribéry weint bei seiner Verabschiedung von Bayern München. Ein Kind namens Murtaza Ahmadi, es hat ein Messi-Trikot aus einer blauweißen Plastiktüte gebastelt, fungiert als Einlaufkind des Spielers Messi. Der Spieler Neymar weint nach dem verlorenen Champions League-Finale und wird von seinem Gegenspieler Alaba getröstet: Sie umarmen sich, legen die Stirnen aneinander. Der Spieler Richarlison erzielt ein Tor, läuft zum Jubeln los, bricht aber ab, wohl, weil er sich daran erinnert, dass er dieses Tor gegen seine ehemalige Mannschaft erzielt hat und er sich anscheinend vorgenommen hatte, nicht zu jubeln; er macht stattdessen eine Geste der Entschuldigung. Dutzende kroatische Feuerwehrleute müssen zu einem Einsatz aufbrechen, kurz vor einem entscheidenden Elfmeter für ihr Nationalteam (das Spiel läuft auf einem Fernsehgerät in der Feuerwache) – dann, nach erfolgreicher Ausführung des Strafstoßes durch einen kroatischen Spieler, befinden sich noch drei restliche Feuerwehrleute vor dem Apparat und umarmen sich jubelnd. Der Trainer Alex Ferguson wird verabschiedet, weint aber anscheinend nicht. Der Spieler Plea, Gegenspieler des Torwarts Gulácsi, bindet diesem die Schnürsenkel und Gulácsi bedankt sich. Ein Angreifer führt den Ball, der Verteidiger verletzt sich im Sprint, der Angreifer bricht den Angriff ab. Zwei Spieler gegnerischer Mannschaften fallen aufeinander, man meint, sie würden nun Gewalt anwenden, sie umarmen sich aber noch auf dem Boden und stehen lächelnd auf. Der Spieler Son reagiert geschockt auf die schwere Verletzung seines Gegenspielers Gomes, verursacht durch ein Foul Sons, hält sich die Hände an den Kopf, verzichtet bei einem Torerfolg im nächsten Spiel auf den Jubel, und erklärt in einem später erfolgten Interview den Grund: Respekt vor der Situation. Son wünscht Gomes alles Gute.

„Most Emotional Moments in Football", damit abgeschlossen, will sein Publikum zu Tränen rühren. Erstes Werkzeug hierbei: die Darstellung von Tränen selbst. Die Montage sammelt Bilder weinender Menschen, also von verletzten oder an einer Aufgabe gescheiterten Spielern, von Spielern, die an einem Willkommens- oder Abschiedsritual teilnehmen, von Nicht-Spielern, die in karitative Events involviert sind. Da Tränen oft weitere Tränen auslösen, dürfte diese Strategie erfolgreich sein. Insgesamt jedoch hat das Video einen sehr viel breiteren Ansatz. Es setzt auf die emotionale Kraft mitmenschlicher Gesten, bildet ein Spektrum ab, das vom Schuhezubinden bis zum Jackeverleihen reicht, von selbstentworfenen Trauer- und Erinnerungsritualen für jüngst Verstorbene bis hin zu akut lebensrettenden Maßnahmen. Es preist Loyalitäten zu Vereinen, denen man einst angehörte, und Gesten der Fairness, die nachweisen, dass einem Spieler die Gesundheit des Gegenspielers mehr bedeutet als der eigene Triumph. Und es bearbeitet dieses breite Spektrum von Handlungen in einem relativ engen Territorium des professionellen Fußballs: in den bedeutendsten Ligen Europas, bei internationalen Meisterschaften.

Im sentimentalen Film, so stellen Tan und Frijda fest, gehe es oft um eine Form von „absoluter, nicht korrumpierter Reinheit", etwa: von einer perfekten Beziehung. Dies bewirke im Publikum, sich in eine ähnliche Beziehung zum Film selbst begeben zu wollen – und damit in eine emotionale Situation hinein, die um „attachment issues" kreist und folglich Tränen hervorbringt (Tan/Frijda 1999, 48 f.). „Most Emotional Moments in Football", im weitesten Sinne tatsächlich ein sentimentaler Film, versucht ebenfalls, ein moralisch „reines" Bild der Fußballwelt zu entwerfen, das Videopublikum mit dieser Welt in Beziehung zu setzen, und so Gefühlsaufwallungen zu produzieren.

Vielleicht ist Sir Alex damit erfolgreich. Eindeutig aber handelt es sich bei dem System Fußball nicht um einen moralisch reinen Kosmos. Die Welt, aus der diese Bilder stammen, befindet sich aktuell in einer Phase der extremen Kommerzialisierung. Wenige reiche Megaclubs dominieren ihre jeweiligen Ligen. Dies verändert auch den emotionalen Charakter des Fußballs. Fans, die einst, in einer ausgeglicheneren Fußballwelt, von der dramatischen Unvorhersehbarkeit des Spiels angezogen wurden, müssen nun mit der Langeweile von erwartbaren Ergebnissen leben – oder sich auf internationale Wettbewerbe wie die Champions League konzentrieren. Zu Tränen rührende „attachment issues" dürften in der Folge nachlassen. Tief verwurzelte, regionale Identifikation mit Vereinen nimmt durch die Globalisierung des Sports ab; Fußball, sagt ein Beobachter, sei heute eher „Unterhaltung“ als „Leidenschaft“ (Spiller 2022, 10, 186). Den Videoproduzenten daher als kreative, digitale Version des von Michael Wetzels beschriebenen Stadionbesuchers zu sehen – als individuellen emotionalen Akteur, Teil einer von intensiven Emotionen erfassten Gemeinschaft – scheint nicht ganz passend.

Doch sieht man in Sir Alex’ fünfzehnminütigem Werk (oder vielleicht eher in den Szenen, die es nicht zeigt) ein facettenreiches Abbild genau jener Entwicklungen, die die Fußballkultur emotional verarmen lassen. Interaktionen zwischen den Fußballern und ihrem Publikum sind in der Montage äußerst rar. Sie finden in ausgeklügelten Ritualen statt, wie bei Willkommens- oder Abschiedszeremonien oder im Vorfeld detailliert organisierter Begegnungen zwischen Fußballprofis und ausgewählten Personen.

Inwieweit die Tränen der Fans (bei Niederlagen, Abstiegen, Aufstiegen, Meisterschaften) mit zu den emotionalen Momenten des Fußballs gehören, kann dieser Zusammenschnitt also anscheinend nicht abbilden. Und so rückt er auf der Suche nach aufwühlenden Ereignissen immer näher an die Körper der Athleten, an ihre selbst geskripteten Jubel- und Trauerrituale mit bedruckten T-Shirts und am Spielfeldrand bereitgehaltenen Blumen, an ihre eigentlich selbstverständliche, aber hier als heroisch gepriesene Mitmenschlichkeit mit anderen Athleten, und es zeigt auch ihre Tränen, aber zumeist handelt es sich hier nur um Traurigkeit, wenn ein Spieler, weil zu alt, weil verletzt, den Mikrokosmos des elitären Profifußballs zu verlassen hat. Vielleicht ist die gefühlige Aneinanderreihung der „Most Emotional Moments in Football“ also ein realistisches Bild eines zwar ökonomisch expandierenden, an emotionaler Kraft jedoch verlierenden Systems. Und bringt Fußballfans auch damit möglicherweise zum Weinen.

Ausgezeichnete Basketballprofis weinen vor Publikum

„I told myself I wasn't going to cry": Russell Westbrook und Giannis Antetokounmpo

Weinende Sportlerinnen und Sportler produzieren wertvolles Bildmaterial. Dies wird eingesammelt, einmontiert, gesendet, gepostet, in Liveberichterstattungen, Dokumentationen, Highlightvideos. Ein paar Sekunden lang sieht man den im Weinen verzogenen Mund, die Feuchtigkeit in den Augen, vielleicht die Hände vor dem Gesicht, zuckende Schultern, die tröstende Umarmung. Dann erfolgt meist der Schnitt zur nächsten Szene.

Ein ausführlicheres Betrachten von Sportlertränen ermöglicht die individuelle Ehrung. Während dieses Rituals lassen sich Gesten und Worte aufgewühlter Individuen nicht nur in Momentaufnahmen vom Spielfeldrand verfolgen, sondern in eigens zur Würdigung (und Rührung)

C. Ribbat, *Sport und Tränen*, Essays zur Gegenwartsästhetik,
https://doi.org/10.1007/978-3-662-72699-0_5

angelegten Inszenierungen. Der ausgezeichnete Athlet befindet sich zumeist auf einer Bühne, trägt keine Sportkleidung, sondern Abendgarderobe, und es wird von ihm erwartet, vor Publikum eine kurze Rede zu halten. Sportlerinnen und Sportler befinden sich dabei zwar auf fremdem Terrain. Sie haben eine Aufgabe, die sich von den sonstigen Anforderungen an sie unterscheidet. Sie werden sie aber in der Regel erledigen, da es sich um eine Bestätigung ihrer Leistungen handelt. Und sie werden in vielen Fällen Tränen fließen lassen (nicht nur, wenn sie Cristiano Ronaldo heißen). Natürlich wird auch aus diesen Weinszenen wieder Rohmaterial für zukünftige Zusammenschnitte „emotionaler Momente". Doch zuerst ist da der Athlet und sein Vortrag.

Der Weg zu Worten und Tränen kann etwa so beginnen: Auf einer Bühne steht der amerikanische Jurist Adam Silver, Präsident und Geschäftsführer der National Basketball Association, hat einen Umschlag in den Händen und kündigt an: „And the Winner of the 2017 KIA NBA Most Valuable Player Award is…", schaut nach unten, dreht den Umschlag in seinen Händen einmal, öffnet ihn, zieht ein Dokument heraus.

Es handelt sich um einen bedeutenden Augenblick. Der professionelle Basketball ist eine der populärsten Sportarten in den Vereinigten Staaten, medial omnipräsent. Der Begriff ‚Most Valuable Player' ist in diesem kulturellen Feld nicht nur ein bürokratisch-ökonomischer Begriff. Mehr als in anderen Mannschaftssportarten kann im Basketball – nur fünf Spielerinnen oder Spieler agieren pro Team auf dem Feld – ein besonders talentierter Akteur eine Partie (oder eine gesamte Saison) dominieren. Der Sprechchor „MVP! MVP!", von Zuschauenden an einen solchen Akteur adressiert, gehört zu den Ritualen von Basketball-Fankultur. Im Falle der nun verliehenen Auszeichnung, verliehen am Ende einer NBA-Saison, ist der MVP zwar nicht vom Publikum selbst, sondern von Sportjournalisten gewählt worden. Seine Signifikanz aber geht weit über die engere Fachwelt hinaus. Wenn Tränen tatsächlich psychologische Ausrufezeichen für wichtige Situationen sind, werden sie hier fließen.

Auf der Bühne nennt Adam Silver nun einen Namen: „Russell Westbrook". Applaus des Publikums. Der Spieler des Teams Oklahoma City Thunder trägt eine getönte Brille, sitzt im Oberhemd, mit Krawatte, aber ohne Sakko, an einem runden Tisch, erhebt sich, küsst eine Frau, umarmt eine andere, bewegt sich in Richtung Bühne, drückt verschiedenen Menschen auf jeweils verschiedene Art und Weise die Hand, kommt auf die Bühne, zu musikalischer Begleitung, erhält die ausladende Trophäe, gibt diese dem NBA-Präsidenten aber noch einmal zurück, will die Hände frei haben, holt einen Zettel aus der Tasche, entfaltet diesen, und beginnt seine Rede. Wirkt sehr lässig. Dankt Gott. Im weiteren Verlauf seiner Rede wird er kaum auf das Stück Papier schauen, aber dennoch eine strukturierte Danksagung unternehmen. Diese richtet sich an die zahlreichen Mitarbeiter seines Basketballteams, vom Trainerstab bis zu den Köchen und den für den Hallenkomplex zuständigen Hausmeistern. Und für den nächsten Teil seiner Rede holt er fünf anwesende Mitspieler der Oklahoma City Thunder auf die Bühne und bedankt sich bei ihnen. Sie stehen von diesem Moment an hinter ihm. Buchstäblich. Der auf der Bühne sehr souveräne Russell Westbrook dankt danach „den Medien" und flicht den Witz ein, dass es schon überraschend sei, dass er so etwas tue. Das Publikum lacht; es gibt anscheinend eine Vorgeschichte. Dann dankt er den Fans, überall auf der Welt und besonders in Oklahoma City. Er dankt seinem Agenten und seinem Team. Er räuspert sich dann und seine Körpersprache verändert sich. Es wirkt, als käme etwas auf ihn zu. Zuletzt, sagt Westbrook, wolle er seiner

Familie danken. Anscheinend ist damit der offizielle Teil seiner Rede vorbei, denn er bemüht sich nun, während er spricht, das Blatt mit seinem Redetext, inzwischen wieder von ihm zusammengefaltet, in seine rechte hintere Hosentasche zu stecken. Dem soeben auch aufgrund der enormen Geschicklichkeit seiner Hände als wertvollsten Spieler der bedeutendsten Basketballliga der Welt ausgezeichneten jungen Mann gelingt dies nicht, so dass er den Zettel schließlich einem der hinter ihm stehenden Mitspieler reichen muss.

Russell Westbrook spricht jetzt von seinen Eltern. Er fordert eine Runde Applaus für diese ein, verkündet, dass sie alles für ihn getan hätten, und nimmt dann die getönte Brille ab und sagt: „I told myself I wasn't going to cry." Es wird offensichtlich, dass er diesen Vorsatz nicht einhalten wird (Westbrook 2017).

Man sollte hier noch einmal auf Nunn und Biressi zurückkommen und zu ihrem Bild jenes Spektrums, auf dem zum einen *celebrities* öffentlich ihre Emotionen zeigen und zum anderen Druck auf uns Nicht-Prominente entsteht, ebenfalls zu Emotionen zu stehen und sie zu kommunizieren. Nunn und Biressi sprechen von der „emotionalen Arbeit", die Stars für uns verrichten, für ihre Fans, für die Gesellschaft insgesamt (Nunn/Biressi 2010). Das ist für diesen Fall eine nachvollziehbare Deutung. Die NBA ist ein kommerzkapitalistisches Geschäftsmodell, und die Auszeichnungszeremonie des „Most Valuable Player" hat darin ihre Funktion, weil die Emotionen, die der wertvollste Spieler der Profiliga bei dieser Rede zeigt, das Entertainment-Potential der NBA verstärken. Je emotionaler der Vortrag, je mehr Tränen fließen, desto mehr Menschen werden sich diese Rede anschauen und beeindruckt sein, desto mehr kommerziellen Erfolg wird das Geschäftsmodell Profibasketball haben.

Angesichts der immensen Summen, mit denen die erfolgreichsten Aktiven der NBA entlohnt werden, wird sich das Mitleid für die emotional arbeitenden MVPs allerdings wohl in Grenzen halten. Und ob der Druck tatsächlich so hoch ist? Es sind auch tränenfreie MVP-Vorträge in die Basketballgeschichte eingegangen. Tatsächlich wirken die meisten Ansprachen der ausgezeichneten Spitzenspieler so, als hätte niemand außer ihnen sie geplant. Es sprechen, so scheint es, unabhängige Individuen.

Auf Russell Westbrook zumindest scheint der nun bei ihm einsetzende Tränenfluss befreiend zu wirken. Er preist weiter seine Eltern. Nun weint er. Er sagt, wie sehr er sie liebe. Spricht über seinen Vater, der zwei Jobs gehabt habe, um sie am Leben zu halten; über seine Mutter, die die Familie zusammengehalten habe. Sagt noch einmal, was seine Eltern alles für ihn getan hätten. Leitet zu seinem „little brother" über. Räuspert sich. Es ist ein langes, emotionales Räuspern. Der weiterhin weinende Westbrook verrät, dass sein jüngerer Bruder kürzlich einen Masterabschluss gemacht habe und ihm in jeder Halbzeitpause jedes Spiels eine Textnachricht schicke. Obwohl niemand ihn dazu zwinge. So sei sein Bruder. Unter Tränen versichert er diesem, wie sehr er ihn liebe (Westbrook 2017).

Nicht jedes MVP-Weinen führt zu einer solchen Verwandlung, wie Russell Westbrook sie auf der Bühne unternimmt – von souveräner Lässigkeit zur beeindruckenden Offenheit. In Giannis Antetokounmpos Ansprache von 2019 etwa beginnen zwar schon sehr früh die Tränen zu fließen. Aber Antetokounmpos Rede bleibt knapp und strukturiert. Der Spieler der Milwaukee Bucks dankt Gott dafür, ihn mit diesem „amazing talent" ausgestattet zu haben. Das wirkt nicht direkt bescheiden, aber realistisch. Er dankt seinen Mannschaftskameraden, holt sie jedoch nicht auf die Bühne. Jedes Mal, wenn er die Umkleidekabine betreten habe, seien sie da gewesen, bereit, mit ihm in den Krieg zu ziehen. Das ist eine auffällige Metapher. Er dankt dem Trainerstab. An diesem Punkt nimmt er die Hände aus den Hosentaschen und wischt sich Tränen von der Wange. Er dankt dem Klub-Inhaber „for believing in me" und an diesem Punkt bricht seine Stimme, er atmet schwer, muss nun die Hand vor die Augen nehmen, zur Tränenbeseitigung. Er dankt seinem Vater, kurz zuvor verstorben, verknüpft seinen eigenen Ehrgeiz mit dem Gedenken an seinen Vater, dankt seinen „amazing brothers". Sie seien Vorbilder für ihn. Er dankt seiner „amazing mom" und fügt gleich hinzu: „You're my hero." Beschreibt und preist ihre Rolle in der Familie. Dankt seinen Agenten dafür, dass sie ihn, wenn die Saison angefangen habe, nicht belästigten, findet damit seine Stimme wieder, hat den Tränenausbruch überwunden und spricht über das Ziel, das eigentliche Ziel: die Meisterschaft mit Milwaukee zu gewinnen. Endet mit dem Satz: „Thank you guys" (Antetokounmpo 2019).

Es scheint notwendig, hier zu Eva Illouz' Einschätzung zurückzukommen, dass es sich bei der „therapeutischen Biografie" – vom Trauma zum Erfolg – um eine „ideale Ware" unserer Zeit handelt (Illouz 2007, 56). Der amerikanische Sportexperte Matthew Futterman verweist zudem auf die Bedeutung von Erzählungen für das Sportgeschäft. Nach Futterman gilt: „Stories are now the currency of the sports business". Und diese „stories" sind nicht die Geschichten von Mannschaften als Kollektiven, sondern die einzelner Stars, die zu mythischen Figuren konstruiert werden, in einer Art Superhelden-Kategorie. Dass diese Ästhetisierung mit sportlichen Erfolgen verknüpft ist, es sich also eindeutig um Erzählungen von atemberaubender Stärke handelt, versteht sich dennoch von selbst. Ohne herausragende Leistungen könnten Heldengeschichten nicht konstruiert werden (Futterman 2016, 247–255).

Giannis Antetokounmpo könnte auf dieser Bühne sehr viel therapeutisch-heroisches Material liefern: eine tatsächlich zu Tränen rührende Geschichte davon, als Kind nigerianischer Einwanderer in Griechenland aufzuwachsen, in prekären Verhältnissen, als Kind auf der Straße Souvenirs zu verkaufen, um die Familie über Wasser zu halten. Er könnte erzählen, dass er nach dem Basketballtraining oft in der Turnhalle übernachtete. Es war zu gefährlich, noch nach Hause zu gehen. Rassistische Schlägertrupps waren auf Athens Straßen unterwegs. Er könnte davon erzählen, dass er staatenlos war und erst mit achtzehn Jahren, nachdem die NBA ihn verpflichtet hatte, von der griechischen Regierung die Staatsbürgerschaft erhielt, eher als Public Relations-Maßnahme denn aus wahrer Akzeptanz (Goodman 2019).

Aber Antetokounmpo ist nicht auf der Bühne, um eine Geschichte zu präsentieren und nicht da, um andere zu Tränen zu rühren. Er weint selbst und bedankt sich bei anderen. Mehr bietet er nicht an. Es hilft, diese Situation mit Beobachtungen aus der Autobiografieforschung zu erklären. Es wäre Antetokounmpo hier natürlich möglich, eine zuvor ungehörte Geschichte zu erzählen, zum kulturellen Zeugen zu werden. Doch wie Smith und Watson ausführen, sind solche autobiografischen Akte nicht zwangsläufig befreiend. Sie könnten auch in „normative patterns of speakability" übernommen werden. Ein solches normatives Muster wäre in diesem Fall das Klischee vom heldenhaften Aufstieg: vom Außenseiter auf den Straßen Athens zum die NBA dominierenden Basketballhelden. Eine solche Einordnung in eine stereotype Kategorie würde die individuelle Kontrolle über die eigene Lebensgeschichte in Frage stellen (Smith/Watson 1996, 15–16). Antetokounmpo verweigert sich. Wie viel emotionale Arbeit ein MVP auf der Bühne vollzieht, oder ob er nur einigen Menschen dankt, ein wenig weint, dann den Auftritt beendet: Es ist wohl allein seine Entscheidung.

Techniken des Sentimentalen: Kevin Durant

Kevin Durant wird im Jahr 2014 als „Most Valuable Player“ der NBA geehrt. Auf der Bühne sitzen, in Trainingskleidung, die Mitglieder seines Teams, wie bei Westbrook die Oklahoma City Thunder. Durant trägt Anzug, Krawatte und Brille. Er wird kurz vorgestellt, stellt sich hinter das Rednerpult, sagt ein paarmal „wow“, dann: „I'm usually good at talking, but I'm a little nervous today.“ Er beginnt damit eine Rede, während der er immer wieder weinen wird, die sein Publikum zu Tränen rühren wird, und die in den Jahren danach, die Videoaufzeichnung wird immens populär, belegen wird, dass Kevin Durant in der Tat „good at talking“ ist (Abb. 1).

Abb. 1 Kevin Durants Rede anlässlich der Verleihung des „Most Valuable Player"-Preises 2014

Zuerst möchte Durant Gott dafür danken, dass er sein Leben verändert habe. Gott habe ihn erkennen lassen, dass Basketball nur eine „Plattform“ sei, von der aus er „Menschen inspirieren“ könne. In diesen Momenten weint Durant noch nicht. Er wechselt dann von der Gattung der Danksagung in die der autobiografischen Erzählung. Er komme aus einer “small county near Washington DC called PG County” (es handelt sich um Prince George’s County im Süden der amerikanischen Hauptstadt). Er berichtet, wie oft er, sein Bruder und seine Mutter umgezogen seien. Er verwendet literarische Metaphorik, um dieses Leben zu beschreiben: „It felt like a box“, sagt er, „it felt like there was no getting out.“ Es sei sein Traum gewesen, Trainer in einer Freizeitliga zu werden, sagt Durant. Nun kommen ihm die Tränen. Er liebe Basketball, habe aber nie geglaubt, überhaupt nur auf dem College zu spielen, geschweige denn in der NBA. Und dann noch hier als MVP zu stehen: Es sei „just a surreal…“, der weinende Durant macht eine kurze Pause, „…feeling.“ Er habe so viel Hilfe erhalten, so viele Menschen hätten an ihn geglaubt, wenn er selbst nicht an sich geglaubt hätte. „I fell so many times and got back up“, sagt Durant und schüttelt dabei quasi ungläubig den Kopf. Die Kamera zeigt seine ergriffene Mutter im Publikum, „I’ve been through the toughest times with my family“, sagt Durant, und seine Stimme bricht, „okay, but I’m still standing“, und nun gibt es Zwischenapplaus und er nickt selbstbestätigend, als wolle er die Tatsache, dass er stehe, hier stehe bzw. überhaupt stehe, noch einmal unterstreichen.

Expliziter als Russell Westbrook entwickelt Kevin Durant die MVP-Ansprache als eine Geschichte über Armut und sozialen Aufstieg. Die prekäre Lebenssituation seiner Familie macht er um einiges deutlicher als Westbrook. Seine Sprache wirkt existentiell: „no getting out“, „fell so many times“, „the toughest times“. Und die seltsam klaustrophobische Metapher von einer Kindheit, die „like a box" gewesen sei, gibt seinem Vortrag eine besondere Intensität.

Für eine Weile bleibt Durant dann tränenlos. Er redet über den Basketball als Spiel. Wie sehr er es liebe, wie viel Spaß es ihm mache. Er spricht seine Mannschaftskameraden an, die Menschen, wegen denen er das Spiel liebe. Und dann kommt er zu den Tränen zurück, oder die Tränen zu ihm, weil er seinen Mitspieler Caron Butler erwähnt, der ihm so nah sei, und von dem er einen Zettel in seinem Schließfach gefunden habe – nun kommentiert Durant seinen Auftritt mit dem Satz: „I don't know why I'm crying so much" – und auf diesen Zettel habe Butler die Botschaft „KD MVP" geschrieben und diesen nach einer Niederlagenserie dort hinterlassen.

„KD" findet liebende, dankbare Worte für all seine Kollegen bei Oklahoma City Thunder. Ein Taschentuch hat er anscheinend nicht mitgebracht. Er zieht die Nase hoch, er legt die Hand vor den Mund, er reguliert die Flüssigkeit auf halbwegs akzeptable Weise. Er dankt vielen weiteren Menschen. Er dankt seinem Trainer, Scott Brooks, für dessen Selbstlosigkeit ("Scott Brooks, you mean the world to me, I love you") und insbesondere dafür, dass dieser ihm spät in der Nacht Textnachrichten geschrieben habe, in einer Krisensituation, offensichtlich: „when I was going crazy".

Es braucht Mut, als amerikanischer Basketballspieler eine tränenreiche Ansprache zu halten – nicht nur wegen des üblichen Risikos Weinender, der Umwelt zur Last zu fallen (Goodrum 2023, 99 f.). Seit 2012 kursiert online ein populäres Meme, das den heftig heulenden Michael Jordan zeigt, den größten Star der Sportart jemals, und die immer neuen Varianten des Memes drücken keinen Respekt vor dem aufgelösten Idol aus, sondern Spott. Es basiert auf einem Bild Jordans aus dem Jahre 2009, entstanden während einer emotional-egozentrischen Ansprache, zu seiner Aufnahme in die Basketball Hall of Fame. Als missglückt und peinlich ging der Auftritt in die Geschichte ein, und Jordans Weinen, das belegt auch das Meme, produzierte das Gegenteil kollektiver Empathie (Fleming 2023). Genau das könnte nun auch Kevin Durant passieren, die Vortragsgattung ist vergleichbar, die Tränen fließen ähnlich intensiv, aber Durant ist eben „usually good at talking" – und anders als der 25 Jahre ältere Jordan wohl an das Zeitalter der Emotionen gewöhnt.

Weiterhin unter Tränen kommt „KD" schließlich zu dem Teil seiner Ansprache, der sich auf seine Familie bezieht, und damit zum monumentalen Schluss. Lächelnd erklärt er seinem Bruder, dass er ihn liebe, dankt diesem „for beating me up", damals, als sie noch Kinder waren. Jeden Abend bete er für ihn, so Durant. Ergriffen sagt er, dass sein Bruder ihm Selbstvertrauen beigebracht habe, als es ihm selbst gefehlt habe. Er spricht dann seinen Vater an und benutzt für ihr anscheinend problematisches Verhältnis das Bild von einer „up and down road". Der Vater schicke ihm Bibelverse, jeden Tag. Er dankt weiteren Familienmitgliedern, kommt zu seiner Mutter, macht eine Pause. Seine Stimme erstirbt. Sagt: „I don't think you know what you did." Redet über die Umzüge in der von ihr alleinerziehend geführten Familie. In einer Wohnung hätten sie keine Möbel besessen und hätten sich aber im leeren Wohnzimmer umarmt und seien davon überzeugt gewesen, sie hätten es geschafft. Er dankt seiner Mutter, dass sie ihn morgens in den Sommerferien geweckt habe, ihn zum Laufen geschickt, ihn gezwungen habe, Liegestütze zu machen Er resümiert: „We weren't supposed to be here. You made us believe. Kept us off the street, put clothes on our backs, food on our table". Sie, die Kinder, hätten stets etwas zu essen bekommen. Die Mutter sei dagegen hungrig schlafen gegangen. „You're the real MVP", sagt Durant zu seiner Mutter, unter Tränen, das Publikum klatscht, er hält die Hand vor den Mund, dankt dann noch einmal Gott, „alpha and omega", und den Journalisten, die für ihn gestimmt hatten, und beendet seine Ansprache (Durant 2014). Ist es möglich, sich Durants Rede anzusehen und nicht selbst Tränen in den Augen zu haben?

Für der Kritischen Theorie verpflichtete Kulturwissenschaftler eröffnet sich nun eine Reihe von Möglichkeiten, Durants Rede, wie andere MVP-Ansprachen, mit Einwänden zu lesen. Es lässt sich hier herausarbeiten, wie dieser Vortrag die Ansprüche der NBA und des emotionalen Kapitalismus insgesamt übererfüllt. Von der Krise zum Triumph geht es bei Durant und kaum darüber hinaus. Durant präsentiert zwar die Geschichte einer prekär lebenden afroamerikanischen Familie, zeigt ein Bild von hoher materieller Unsicherheit, Nahrungsmittelknappheit, einer quasi-nomadischen Existenz, aber Kritik an dem Gesellschaftsmodell, das diese Phänomene hervorbringt, hat keinen Platz in seiner Rede. Der amerikanische Traum wird nicht hinterfragt, das Leiden wird stattdessen in Religiosität eingerahmt und die sich selbst aufopfernde Mutter als Heldin gezeichnet. All dies bestätigt, was Kritiker als grundlegendes Problem heutiger therapeutischer Erzählungen beschreiben: dass sich Lebensgeschichten völlig auf das Private beschränken und jede gesellschaftsanalytische Lektüre des Leidens ausklammern. Wie in einer Kiste zu leben – so beschreibt Durant die Existenz in Armut, einer Kiste, aus der man nicht habe herauskommen können. Das ist ein eindringliches Bild, aber letztlich dominiert die Idee von individueller Resilienz und Mutterliebe. Der Vortrag endet in einem sentimentalen Resümee.

Hier stellt sich allerdings die Frage, ob der Begriff des ‚Sentimentalen' tatsächlich abwertend verwendet werden sollte. Sentimentalität sei das Wort, das Leute benutzten, um Emotionalität zu beleidigen. Das schreibt die amerikanische Autorin Leslie Jamison (2014, 111). Das Sentimentale nicht abzutun, sondern zu retten – das ist etwa ein Ziel der Literaturwissenschaftlerin Robyn Warhol. Sie beleuchtet die Literatur- und Kulturgeschichte sentimentaler Ausdrucksformen und die ebenso lange Geschichte der Kritik an diesen: als zu kommerziell, als ohnehin manipulativ (Warhol 2003, 33). Sie sieht im Sentimentalen wichtige Momente und Ideale: „the affirmation of community, the persistence of hopefulness and of willingness, the belief that everyone matters, the sense that life has a purpose that can be traced to the links of affection between and among persons." Dass gefühlvolle Narrative kommerzialisiert würden, müsse nicht dazu führen, die Techniken des Sentimentalen selbst abzulehnen. Weinende Konsumierende kultureller Texte sollten sich eher, so Warhol, daran erinnern, dass sie nicht allein weinten. Über die Isoliertheit und Scham des Weinens herauszukommen, würde, folgt man Warhol, dem Sentimentalen kulturelle und gesellschaftliche Energien geben (ebd., 55–57).

Nicht nur der Höhepunkt von Durants Rede – der unter Tränen hervorgestoßene Satz „You're the MVP", aufgenommen von seiner im Publikum sitzenden, ebenfalls weinenden Mutter – sendet Signale aus, die Robyn Warhols Beobachtungen entsprechen. Der „wertvollste Spieler", explizit als Individuum ausgezeichnet, für seine messbaren Leistungen auf dem Basketballfeld, widmet seinen gesamten Vortrag den Menschen um ihn herum, gibt schließlich das wertvolle Prädikat des „wertvollsten Spielers" symbolisch weiter, beendet den Auftritt im Dialog – so wie auch sein den Vortrag begleitendes Weinen schon eine Einladung ist, mit ihm zu interagieren. Auch wenn man die politische Kritik an den Ungerechtigkeiten in der amerikanischen Gesellschaft vermisst: Durants Rede bricht fast schon provokativ mit dem radikalen Individualismus, der gemeinhin die Diskurse in Sport, Popkultur und Wirtschaft bestimmt. Und auch wenn es gegen die Prinzipien dieses Essays verstößt (man sollte Tränen nicht zutrauen, für sich zu sprechen): Im Fall von Kevin Durants Auftritt kann die Intensität seines Weinens nicht ignoriert werden. Es behindert jeden Versuch, sein Leben als amerikanische Erfolgsgeschichte zu etikettieren. Zu präsent ist der Schmerz.

Heulorganisation bei Serena Williams und Andrea Petković

Tränen und Rassismus

Serena Williams, neunzehn Jahre alt, sitzt beim Seitenwechsel am Rande eines Tennisplatzes und weint. Wenn sie keine Vorkehrungen getroffen hätte, könnten ihr 14.000 Menschen in einer südkalifornischen Arena dabei zusehen – und zusätzlich Millionen von Fernsehzuschauern. Williams ist eine der beiden Finalistinnen des Turniers von Indian Wells im Jahre 2001. Sie spielt gegen Kim Clijsters und liegt zurück. Die Tränen fließen nicht nur aufgrund des Spielstands, sondern aufgrund sehr viel bedeutenderer Ereignisse. Diese wiederum beeinflussen aber Williams' Leistung und haben folglich doch mit dem Spielstand zu tun. Mit einem über ihrem Kopf ausgebreiteten Handtuch versteckt sie ihr Weinen. Niemand kann es sehen.

Die junge Serena Williams reagiert mit ihren Tränen auf die rassistische Situation, der sie in diesem Moment

C. Ribbat, *Sport und Tränen,* Essays zur Gegenwartsästhetik,
https://doi.org/10.1007/978-3-662-72699-0_6

ausgesetzt ist. Für das heutige Endspiel hatte ihre Schwester, Venus Williams, sich qualifiziert, dann aber aufgrund einer Verletzung zurückgezogen. Serena ist eingesprungen. Das überwiegend weiße Publikum vermutete anscheinend eine unfaire Absprache, belegte Serena schon beim Betreten des Platzes mit Buhrufen, mit unflätigen rassistischen Beleidigungen, mit der Aufforderung, nach Compton „zurückzugehen", dem afroamerikanischen Viertel in Los Angeles, aus dem sie stammt. Auch während des Spiels halten die verächtlichen bis aggressiven Äußerungen an. Ihre Gegnerin, die weiße Belgierin Clijsters, wird dagegen bejubelt (Williams/Paisner 2009, 62–84).

Die Episode muss im sporthistorischen Kontext gelesen werden. In den Vereinigten Staaten ist die Geschichte des Tennis eng mit Rassismus verknüpft: zuerst, bis weit in die Mitte des 20. Jahrhunderts, durch aggressive Segregation und Ausschlussmaßnahmen gegen afroamerikanische Spielerinnen und Spieler, dann durch strukturellen Rassismus, der die Aufstiegsoptionen nichtweißer Talente verhinderte, und schließlich, bis in die heutige Zeit, durch subtilere Formen des Rassismus, insbesondere in der medialen Repräsentation und Kommentierung schwarzer Stars. Wie Sundiata Djata erläutert, gilt Tennis in der amerikanischen Kultur wohl noch heute, definitiv aber zu Beginn der Karriere der Williams-Schwestern, als im rassistischen Sinne „weißer Sport", mit allen Implikationen für die öffentlichen Rollen und die inneren Verletzungen nichtweißer Spielerinnen und Spieler (Djata 2019, 392).

Dass im Indian Wells des Jahres 2001 ein afroamerikanischer Teenager von einem weißen Publikum systematisch rassistisch beleidigt wird, öffnet eine neue Perspektive auf Sportlertränen. Hier geht es nicht um die Wehmut beim Abschied in den Ruhestand, nicht um eine sportliche Niederlage, auch nicht um Sentimentalität angesichts einer ehrenvollen Auszeichnung. Dieses Weinen hat einen explizit politischen Kontext.

Was an dem Ereignis allerdings überrascht, ist die strenge Kontrolle der Tränen durch das Rassismus-Opfer, sowohl während des Spiels wie in der Rückschau. Beim Betreten des Platzes, im ersten Sturm der Beleidigungen, habe sie das Weinen unterdrückt. Das wird Serena Williams später sagen. Nach dem kurzen Gefühlsausbruch unter dem Handtuch macht sie sich erfolgreich daran, Clijsters zu besiegen – und weint zwar noch einmal beim Verlassen des Platzes, wischt aber die Tränen sofort weg und hofft darauf, so sagt sie später, dass die Zuschauer meinen, es handle sich bei der Flüssigkeit um Schweiß. In ihrem autobiografischen Werk *My Life. Queen of the Court*, zusammen mit Daniel Paisner geschrieben, spricht sie über die Tränen von Indian Wells in fast entschuldigendem Ton. Es mache ihr nicht aus, zuzugeben, in dieser Situation geweint zu haben. Dies mache sie nicht „soft or weak, just human“. Heute noch, sagt sie in *My Life*, könne sie, theoretisch, heulen, wenn sie an diese Szenen denke. Aber sie tue es nicht: „I choose not to.“ Und unter dem Handtuch, so heißt es zumindest in Williams’ Lebensbericht, habe sie nicht an ihren eigenen Schmerz gedacht, sondern an den größeren Kontext afroamerikanischer Geschichte: an die Rassismus-Erfahrungen von Althea Gibson, einer erfolgreichen Schwarzen Tennisspielerin der 1950er Jahre, an die Erlebnisse ihres Vaters mit der aggressiven strukturellen Unterdrückung in den Südstaaten. Sie habe es als ihre – in diesem Sinne: gesellschaftliche – Pflicht gesehen, „tough“ zu sein (Williams/Paisner 2009, 62–84).

Serena Williams reguliert

Ob all diese Gedanken wirklich während des Seitenwechsels und unter dem Handtuch durch Serena Williams Kopf zirkulierten: Es ist nicht zu ergründen. Nachvollziehbar ist allerdings, warum Williams von ihrer Tränenregulierung und der Kontextualisierung ihrer Gefühle berichtet. *My Life* erscheint im Jahre 2009, mitten in einer der erfolgreichsten Phasen von Serena Williams' Karriere. Sie führt die Weltrangliste an und gewinnt sowohl die Australian Open wie Wimbledon. Ihr autobiografischer Text wendet sich auch an die Mitglieder der Tenniswelt und signalisiert: Hier spricht kein Opfer, sondern eine Gewinnerin, die sich selbst aus hoffnungslosen Situationen befreit. *My Life*, davon ist auszugehen, soll kein Buch des Therapeutischen Zeitalters sein, sondern eines des Systems Sport. Es geht darin um individuellen Ehrgeiz.

Dennoch kann *My Life* nicht nur als Sportbuch gelesen werden, sondern auch als afroamerikanischer Lebensbericht. Die Erfolgsgeschichte der Top-Athletin Serena Williams ist verknüpft mit Reflektionen kollektiver Lebensbedingungen und Diskriminierungserfahrungen. Die Autobiografieforschung zeigt, dass diese Verknüpfung immer wieder in Sportlerbiografien stattfindet (Smith/Watson 2010, 163 f.). Williams zeigt sich nicht nur als triumphierendes oder leidendes Individuum, sondern auch als repräsentative, Zeichen setzende afroamerikanische Prominente, deren Auseinandersetzung mit dem Rassismus größere kulturelle Bedeutung hat. Die eigenen Tränen werden kurz beleuchtet. Dann wird das größere Panorama schwarzer Geschichte erhellt.

Was jedoch für *My Life* gilt, muss nicht auf alle öffentlichen Handlungen Williams' zutreffen. Die afroamerikanische Lyrikerin und Literaturwissenschaftlerin Claudia

Rankine weist in einem Essay aus dem Jahr 2015 auf die vielfältigen rassistischen und misogynen Anfeindungen hin, denen Williams im Laufe ihrer Karriere ausgesetzt war – und auf Williams' überraschend distanzierte Reaktionen auf diese Feindseligkeiten. „You don't understand me", sagt Serena Williams im Interview zu der politisch denkenden Rankine. Und fügt hinzu: „I'm just about winning." Wenn Williams gewinne, so resümiert Rankine, dann trügen ihre Erfolge nicht die Last, die Welt vom Rassismus zu befreien. Williams siege, um zu siegen, in triumphaler „Black excellence" (Rankine 2015). Es ist selbstverständlich, dass im Rahmen dieser Selbstpräsentation nicht ungehemmt geweint wird.

Dann allerdings kommt ein Moment, der die effiziente Tränenorganisation herausfordert: Williams beendet 2022 ihre Karriere (Abb. 1). Sie verliert bei den US Open in drei Sätzen gegen die Australierin Ajla Tomljanović – damit steht fest: dies war ihr letztes Spiel – und sie wird noch auf dem Platz vor dem anwesenden Publikum

Abb. 1 Serena Williams nach dem Karriereende, New York 2022

interviewt. Williams bedankt sich bei den Fans, zuerst tränenfrei, sagt, sie hätte ein bisschen besser spielen können, fängt mit den Danksagungen an, sagt: „Thank you Daddy, I know you're watching", sagt: „Thanks Mom", und die Tränen beginnen zu fließen. Sie sagt überrascht: „Oh my God", führt die Hände ins Gesicht, legt sie auf beide Seiten der Nase, zieht die Hände dann ein wenig herunter, hält sie aneinandergepresst vor dem Mund, sammelt sich, senkt die Hände, dankt dann allen, die auf ihrer Seite waren, breitet die Arme aus, hebt die Hände, sagt: „so many years, decades". Aber es habe alles mit ihren Eltern angefangen, diese würden alles verdienen (nun kommen die Tränen wieder und die Hände zurück ins Gesicht), also sei sie ihnen wirklich dankbar. „Oh My God!" ruft sie dann erneut aus, und zeigt auf ihre Augen: „These are happy tears, I guess. I don't know." Sie lacht. Sie fährt sich mit einem Finger in den Augenwinkel, zieht ihn heraus, betrachtet die Fingerspitze, als könne sie anhand der Tränen dort diagnostizieren, ob dies auch wirklich „happy tears" sind.

Es handelt sich um eine symptomatische Szene für Williams und ihr strukturierendes, anti-exzessives Verhältnis zum Weinen. Sie dankt, noch sind da Tränen, wohl „happy tears", Venus, ihrer Schwester, ohne die „Serena Williams", sagt Serena Williams, nicht habe existieren können, dankt anderen Individuen, auch ihrem Ehemann, sagt zum Tennis, es sei ein „fun ride" gewesen, der bedeutendste „ride", auf dem sie je gewesen sei, dankt mit jetzt schon wieder stabiler Stimme all denen, die je „Go, Serena" gesagt hätten, denn die hätten sie hierhergebracht (Williams/Eurosport 2022). Und kurze Zeit später sitzt sie tränenlos auf dem Podium bei der US-Open-Pressekonferenz und beantwortet die meisten Fragen der Medienrepräsentanten mit „I don't know" (Williams 2022). Sie scheint nicht willens, auf diesem Podium auch noch große

Gefühle zu zeigen. Eine Dokumentation wie *Twelve Final Days*: nicht vorstellbar. Zu diszipliniert ist die Protagonistin, zu unauffällig die von ihr gestalteten emotionalen Momente. Je nach Perspektive hat ihre afroamerikanische Identität sehr viel oder sehr wenig damit zu tun. Weil sie eine Schwarze Tennisspielerin ist, sind ihr die Tränen der Diskriminierten vertraut? Weil sie eine Schwarze Tennisspielerin ist, will sie nicht auf die Rolle der Weinenden festgelegt werden? Beide Schlüsse sind spekulativ.

"So dankbar, Teil der WTA zu sein": Andrea Petković auf dem Podium

Dasselbe Podium, dasselbe Turnier: Andrea Petković, ehemals Neuntplatzierte der Weltrangliste, hat ebenfalls, wie Serena Williams, das letzte Profi-Match ihres Lebens bei den US Open des Jahres 2022 gespielt. In der ersten Runde hat sie in drei Sätzen gegen die Schweizerin Belinda Bencic verloren. Das aktive Tennisleben ist damit vorbei. Sie trägt ein weißes T-Shirt. Ihr Haar ist feucht. Sie lächelt die Presse freundlich an.

Man fragt sie, wie dieses letzte Spiel für sie gewesen sei. Sie antwortet, dass sie so viel geweint habe in den letzten fünf Tagen und dass sie froh gewesen sei, nicht zu null verloren zu haben, und doch, trotz allem, eine gewisse Qualität ins Spiel gebracht zu haben. Die Reporterin bohrt noch einmal nach und fragt nach den „emotionalen Tagen", die Petković erlebt habe, nachdem ihr Abschied vom Tennissport festgestanden habe, und diese antwortet und analysiert die Emotionen: Es sei „pure sadness" gewesen, die durchaus „nice" sein könne, auf eine gewisse Art, „very pure" sei diese Traurigkeit gewesen, gar nicht unbedingt negativ, sondern in erster Linie anstrengend.

„Crying so much is exhausting“, sagt Petković als körperbewusste Sportlerin, und während sie dies sagt, verliert ihre Stimme an Substanz und wird eindeutig zur Stimme eines weinenden Individuums. „Sorry“, sagt sie, und ihre Hand geht zur Nase und wieder herunter, und ihre Zunge fährt, eine Übersprungshandlung, ihre Zähne entlang. Sie schnieft. „I think for me it's just that I still love the game“, sagt Petković. „I still have a tremendous amount of passion for the game.“ Mit diesem Bekenntnis hat sie sich wieder kontrolliert. Für eine gewisse Zeit (Abb. 2).

Petković betrachtet die Lage dann aus einer erzähltheoretischen Perspektive: „I did feel this year that my narrative has been told and is not relevant anymore.“ Eine neue Generation würde nun übernehmen. Zu diesem Aspekt kommt eine weitere Journalistenfrage, und Petković antwortet: „I didn't have anything more to give from a narrative perspective“, und erläutert dann im Detail. Das Narrativ einer Tenniskarriere bestehe aus drei Teilen: dem aufsteigenden Talent, dem Star oder der stabilen Spielerin, und schließlich der Veteranin. Dieses Narrativ sei in ihrem Fall erzählt worden, das letzte Kapitel erreicht.

Abb. 2 Andrea Petković nach dem Karriereende: New York, 2022

Jemand vom *Guardian* fragt nun, was man von ihr in Erinnerung behalten solle. Petković nennt Zähigkeit und Entschlossenheit. Sie habe immer um jeden Punkt gekämpft, hart trainiert, neue Trainingsmethoden ausprobiert. Besonders wichtig sei ihr: Sie habe immer das Spiel selbst respektiert, ihre Gegnerinnen respektiert. Sie sagt: „I always felt so grateful", und ihre Stimme schwankt unter Tränen, „sorry, so grateful", ihre Hand schwingt in Richtung Mikro, „to be part", ihre Hand geht zur Nase, entfernt einen Tropfen, jetzt schluchzt sie, „of the WTA." Die Abkürzung steht für die Women's Tennis Association. Petković schnieft. Schweigt. Schiebt Haar an der Schläfe nach hinten, sagt „sorry", greift nach einer Flasche Wasser, sammelt sich. Sagt noch einmal, nun ohne Unterbrechung: "I always felt so grateful to be part of the WTA and all these amazing players…" und schluchzt wieder: "…women that inspired me". Es folgen von intensivem Schniefen begleitete Aussagen darüber, dass sie nie gedacht habe, sich je mit diesen „tremendous athletes" messen zu können. Weiter fließen Tränen Petkovićs Wangen herunter. Eine stoppt sie mit der Hand. Für diese Möglichkeit sei sie am dankbarsten gewesen und sie hoffe, sie habe das immer auf dem Platz gezeigt. Der *Guardian*-Journalist sagt etwas Unverständliches, anscheinend Positiv-Stabilisierendes, Petković bedankt sich, sagt „okay", trinkt aus der Wasserflasche. Wischt sich die Tränen weg, hört gefasst der nächsten Journalistin zu, die danach fragt, wie sie, die immer so sehr Teil der Tenniswelt, der Tour war, aber auch fähig, einen Schritt zurück zu machen, und zu beobachten, als Intellektuelle, fast als Wissenschaftlerin, die letzten fünfzehn Jahre beobachtet habe.

Petković spricht daraufhin von dem Druck, unter dem sie alle stünden, dem Wettbewerbsgeist, „we can be competitive cats", sagt sie, aber da sei diese Empathie, die sie untereinander fühlten, und genau das habe sie so „emotional" gemacht gerade eben. Jetzt weint sie nicht mehr. Ja, sie läse gern, führt sie aus, und sie betrachte die Dinge manchmal aus intellektueller Perspektive, aber wenn es auf das ankomme, worum es im Leben wirklich gehe, dann seien das doch Emotionen und die Verbindungen zu anderen Menschen. Diese „sisterhood" unter den Tennisspielerinnen würde sie bis ans Ende ihres Lebens wertschätzen. „Thank you very much", sagt dann eine unsichtbare, die Pressekonferenz organisierende Männerstimme. Und: "That concludes the English portion" (Petković 2022).

Vier Wochen lang weinen: *Zeit, sich aus dem Staub zu machen*

Die Unterschiede zwischen Serena Williams' und Andrea Petkovićs Heulmanagement liegen scheinbar auf der Hand. Bei der deutschen Spielerin auf dem Podium laufen und laufen die Tränen über das Gesicht. Sie werden nicht versteckt, teils nicht einmal angehalten. Anders als bei Williams werden „happy" und „sad tears" nicht auseinandersortiert, es gibt keine Emotionsdisziplinierung angesichts des gesellschaftlichen Kontexts, keine Selbsteinordnung in größere historische Entwicklungen. Stattdessen tragen die Tränen dazu bei, eine eigene, unverwechselbare Perspektive auf das Karriereende zu entwickeln. Im Weinen und aus dem Weinen heraus entstehen nicht nur emotional intensive und intellektuell anspruchsvolle Antworten auf Pressekonferenz-Fragen, sondern später auch nichtfiktionale Literatur, die sich deutlich absetzt von Heldinnengeschichten wie sie etwa Williams/Paisners *My Life* erzählt. 2024 veröffentlicht Andrea Petković ihr Sachbuch *Zeit, sich aus dem Staub zu machen* und erkundet darin die letzten Wochen ihrer Karriere.

Vergleiche mit Serena Williams bestimmen dieses Werk. Aus dem Zufall, dass die beiden Spielerinnen ihr Karriereende zeitgleich verkünden, wird ein Erzählstrang. Petković räumt bereitwillig ein, welch ungleich größeren öffentlichen Widerhall Williams' Entschluss findet als der eigene. Sie schildert ihre obsessive Auseinandersetzung mit Williams' öffentlicher Begründung des Rücktritts in der amerikanischen *Vogue*, insbesondere mit dem Satz: „Ich wollte nicht aufhören, aber andere Dinge wurden wichtiger." Petković trennt für sich den ersten Halbsatz ab, befasst sich also wieder und wieder mit: „Ich wollte nicht aufhören", und resümiert: „Als ich den Satz begreife, ihn in meinem tiefsten Inneren zu fassen bekomme, beginne ich zu weinen und höre die nächsten vier Wochen nur noch auf, um zu schlafen und zu essen" (Petković 2024, 104).

Aber Petković liest und interpretiert Williams nicht nur. Sie schaut sie auch an. Es kommt zu einer Begegnung mit der Kollegin, während des Turniers von Cincinatti, Ohio, dem vorletzten Wettkampf, an dem die beiden als Profis teilnehmen. Sie treffen sich hinter den Kulissen, fern der Sportmedien (so meint man zumindest – tatsächlich aber gehört die Athletin und Literatin Petković schon in diesem Moment zum sportmedialen Apparat). Dort sucht sie nach den Ähnlichkeiten, die sie mit der sportlich so viel erfolgreicheren Williams teilt.

Aus der Umkleidekabine in Cincinatti berichtet die dauerheulende Petković, im Toilettenbereich jemanden „schniefen und sich schnäuzen" zu hören. Weingeräusche? Möglicherweise. Es handelt sich bei der Person um Serena Williams. Diese tritt aus der Nasszelle. Nun sind die beiden Abschied nehmenden Tennisspielerinnen auf engem Raum vereint. Es könnte auch hier zu einer der multipel berührenden Szenen des Emotionalen Zeitalters kommen: zu einer Szene zwischen Athletinnen, die, nach Goodrum, belegen würde, dass man „comfortable with sadness" ist (Goodrum 2023, 99), zu einem „leg squeeze" wie bei Federer und Nadal, zu einer langen Umarmung wie zwischen Ronaldo und Pepe.

Die Suche nach Gemeinsamkeiten bleibt jedoch einseitig. Die vielleicht weinende, vielleicht nicht weinende Serena Williams, hier in der Kabine damit beschäftigt, das Top, das sie falsch herum angezogen hat, so zu zerren, dass es wieder richtig sitzt, „beachtet mich nicht", so Petković. „Sie nimmt mich gar nicht wahr." Statt einer Szene von Tränen und Trost entwickelt die Tennis-Literatin eine modernistische Miniatur. „Das Neonlicht", stets eine Metapher für Emotionslosigkeit, „brennt auf unsere Gesichter", so beobachtet sie in der Kabine, und untersucht dann alle Zeichen für eine Lebenskrise, die sie in Williams' Gesicht finden kann: „Ich sehe in ihrem Gesicht die nicht geschlafenen Nächte, die Nächte, in denen sie wie tot schläft und mit geschwollenen Augen aufwacht", so Petković. Den „Stress um den Mund" sehe sie und „vielleicht" auch, so die Spekulation, „diese niemals enden wollenden Tränen hinter ihren Augäpfeln". Sie sehe „die Trauer" (ebd., 118). Ob diese Tränen bei Williams wirklich vorhanden sind, lässt der Text offen. Man vermutet eher, dass die dauerheulende Autorin/Athletin sie sich herbeiwünscht.

Petkovićs Auftritt bei der US Open-Pressekonferenz betont die menschlichen Beziehungen zwischen miteinander konkurrierenden Tennisspielerinnen. Dagegen dominieren in *Zeit, sich aus dem Staub zu machen* die allein empfundenen Emotionen, im pessimistischen Duktus europäischer Intellektualität. Die Erzählerin scheint in der persönlichen Verzweiflung zu Hause, keiner emanzipatorischen Tradition verpflichtet. Als „alleine überall" fasst sie die Identität einer ständig reisenden Spitzentennisspielerin zusammen (ebd., 117). Folglich scheinen sich in dieser Umkleidekabine auch nicht Mitglieder einer „sisterhood" zu begegnen. Eher steht eine literarisch geschulte Zeitzeugin im Zentrum (das Werk des hyperdetailliert beobachtenden Schriftstellers David Foster Wallace wird im Nachwort als bedeutender Bezugspunkt genannt). Im Gesicht der *celebrity* Williams sucht diese nach Material, spezifisch: nach dem Rohstoff Träne, und steckt gleichzeitig noch in der letzten Phase ihrer anderen Identität: als professionelle Akteurin in der Einzelsportart Tennis.

Die Kunst der emotionalen Selbstkontrolle, so wichtig im Leistungssport, beherrscht Petković in der Endphase der Karriere anscheinend nicht mehr: „All die langen Jahre, die ich mir eingeredet habe, wie stark ich bin, wie ich alles ertragen, wie mich nichts umwerfen kann, lösen sich in einem Augenblick in Luft auf." Wenn sie ihre Leistung im Training bringt, dann heult sie, weil sie „es" ja noch kann. Wenn sie nicht überzeugt, heult sie ebenso, weil ihr die Signifikanz ihrer Entscheidung dann erst richtig klar wird. Nach dem Training blicken andere Tennisspielerinnen zu ihr herüber, zu ihrem Dauerheulen, nehmen wohl an, sie habe einen Trauerfall zu beklagen. Ihre Tränen haben dramatische Dimensionen. „Das Geheule bleibt", so Petković als gerade noch aktive Spielerin, „und ärgert mich bis zur Verzweiflung" (ebd., 116 ff.).

In ihrer Doppelrolle als Sportlerin und Literatin entwickelt Petković eine unabhängige Perspektive auf das Weinen. Es wird hier nicht in eine Erfolgsgeschichte eingefügt oder für einen Dokumentarfilm kommentiert. Das wochenlange, exzessive Tränenfließenlassen ist auch ein Zeichen dafür, dass sich die Autorin nicht für einfache Geschichten von herzergreifenden „emotionalen Momenten" zur Verfügung stellt. Sie benötigt offensichtlich sehr viel mehr Zeit. Und *Zeit, sich aus dem Staub zu machen* gibt dem Weinen kein Zuhause, bietet kein tröstendes narratives Zusammenbinden. In der Danksagung heißt es über ihren mit so vielen Tränen verabschiedeten Lebensinhalt recht nüchtern: „Ich bin dem Tennissport egal" (ebd., 217). Am Ende des Buches begegnet Petković, sie befindet sich in Los Angeles, im Toilettenbereich einer Bar dem Entertainer Harry Styles und erlebt daraufhin, nach Smalltalk mit und Verabschiedung von Styles, allein in der WC-Kabine einen äußerst tränenreichen Lachanfall. Das ist ein eher unsentimentaler Schluss. Petkovićs Zeitgenossin Serena Williams erklärt in ihrer Lebensgeschichte, und bezieht sich dabei auf ihre Tränenkontrolle in Indian Wells 2001, für „some little girl" ein Vorbild sein zu wollen, ob es „black or white or brown" sei, und als öffentliche Person ein positives Beispiel darzustellen für zukünftige Tennisspielerinnen, Modedesignerinnen oder Medizinerinnen (Williams/Paisner 2009, 84). Petković spricht von keiner vergleichbaren Mission.

Geheimnisvoll wirkt zudem eine Leerstelle in *Zeit, sich aus dem Staub zu machen*. Dieser Lebensbericht, der Sportlerinnentränen in den Mittelpunkt rückt und die leidende professionelle Tennisspielerin über Wochen hin in all ihrem Schmerz porträtiert, lässt ihren Auftritt bei der US Open-Pressekonferenz von 2022 aus. Petkovićs letztes Spiel wird zwar erwähnt. Man begleitet die Athletin noch in die Umkleidekabine, liest vom Duschen, dem Haare-Shampoonieren, dem Sich-in-ein-Handtuch-Schlingen und von Reflexionen darüber, ob die Athletin, nun eine Ex-Athletin, eine Proteindrinkflasche wegwerfen sollte oder nicht. An die Ereignisse danach aber, so der Kunstgriff, erinnere sie sich kaum. „Ich meine, eine Pressetour hinter mich gebracht zu haben", so heißt es in *Zeit, sich aus dem Staub zu machen*. „Ich erinnere die Leichtigkeit" (ebd., 141). Kein Wort widmet die ansonsten so detailorientierte Beobachterin ihrer Performance voller Tränen und Verletzlichkeit, ihrem Abwenden von der Inszenierung mentaler Stärke, ihrer stark verschnieften Danksagung an die WTA und ihrem traurigen Preisen menschlicher

Beziehungen. Vielleicht sind da doch mehr Ähnlichkeiten zu Serena Williams als auf den ersten Blick bemerkt. Denn auch diese elegante Weglass-Geste ist ein Werkzeug der Tränenreduktion.

Diese Tränen sagen alles: Brittney Griner mit Goldmedaille

Hand aufs Herz: Die Hymne

Sie hat die Goldmedaille um den Hals gehängt und die Nationalhymne wird gespielt und sie weint. Ihre Mannschaft, das Frauen-Basketball-Team der Vereinigten Staaten von Amerika, hat soeben die gastgebende Auswahl Frankreichs im Finale des Olympischen Wettbewerbs mit 67:66 besiegt. Es ist nur ein paar Jahre her, dass sie, nach der Ermordung George Floyds, als Spielerin der amerikanischen Profiliga WNBA die Hymne boykottiert hat. Sie hat gekniet, wenn diese vor den Spielen abgespielt wurde oder ist mit ihrem Team während des Abspielens in der Umkleidekabine verschwunden. Nun steht sie auf dem Podium in Paris und nimmt an dem Ritual teil. Sie lässt die Tränen einfach laufen. Ihre Lippen schiebt sie vor, wie das viele Weinende tun. Sie kann nichts gegen die Tränen tun, weil sie, wie es für US-Amerikaner während des Abspielens des „Star-Spangled Banner" üblich ist, eine

C. Ribbat, *Sport und Tränen*, Essays zur Gegenwartsästhetik,
https://doi.org/10.1007/978-3-662-72699-0_7

Hand über ihr Herz gelegt hat. In der anderen hält sie ein Olympiasouvenir. Sie hat also keine Hand frei. Erst als die Hymne verklungen ist, organisiert Brittney Griner, ehemalige Insassin einer russischen Strafkolonie, ihr Gesicht. Sie hebt die Hand, wischt die Tränen weg.

Diverse Medien werden von diesen Szenen berichten. Griners Inhaftierung in Russland ist im Sommer 2024 noch lebendig im kulturellen Gedächtnis, so wie ihre Verurteilung zu neun Jahren Lagerhaft und der von der Regierung Biden organisierte Gefangenenaustausch, durch den sie freikam. Fotos der auf dem Siegerpodest von Gefühlen erfassten Sportlerin werden Zeitungsartikel illustrieren. Die *Washington Post* wird die Schlagzeile benutzen: „Brittney Griner's tears said everything" (Buckner 2024).

Es wird allgemein viel geweint bei Olympischen Spielen, gleich nach einem Wettkampf ebenso wie während der Medaillenzeremonien, bei denen die Nationalhymnen gespielt werden. Es wird so viel geweint, dass eine aktuelle wissenschaftliche Studie die Tränen von Olympioniken als Material nutzt, um allgemeine Aussagen über das Weinen in der Gegenwart zu treffen.

Alex Krumer und Andrew Musau untersuchen 450 Fälle olympischen Weinens, bei den Spielen der Jahre 2012 und 2016. Sie widmen sich den Tränen der Goldmedaillengewinner: Freudentränen also. Und sie nutzen den globalen Charakter der Olympischen Spiele als Gelegenheit, um sich solche „goldenen Tränen" in einem internationalen Vergleich anzusehen. Ergebnisse: Sportlerinnen weinen mehr als Sportler, Tränen fließen eher bei älteren Olympiateilnehmenden als bei Nachwuchssportlern und besonders häufig bei denen, die das Gastgeberland repräsentieren. Es gibt deutliche Unterschiede zwischen nationalen Kulturen. Krumer und Musau stellen fest, dass bei solchen männlichen Sportlern sehr viel mehr Tränen fließen, die Nationen mit „gender-empowered societies" vertreten, definiert als Gesellschaften, in denen der Anteil von Frauen an der arbeitenden Bevölkerung besonders hoch ist. Unterschiede zwischen reichen und armen Nationen sind nicht festzustellen. Krumer und Musau schließen daraus, dass Freudentränen durchaus einen universellen Charakter haben. Es seien aber, so vermuten die Autoren, eher freiheitliche Gesellschaften, Bürgerrechte und Selbstausdruck garantierende Nationen, die Männern weniger Hemmnisse mitgäben, öffentlich zu weinen. Unabhängig von Geschlechterrollen vergießen Athletinnen und Athleten aus Nationen mit signifikanten Glaubenskonflikten weniger Freudentränen als die aus Ländern mit vergleichsweise weniger intensiven religiösen Differenzen (Krumer/Musau 2024, 27 f.).

Auf Brittney Griners Tränen in Paris wird weniger die quantifizierende Methode angewandt und eher die detailorientierte Interpretation. In der Folge dieser Goldmedaillenzeremonie berichten amerikanische Medien von allen konkreten Details des Finales und der folgenden Rituale. Die Sportplattform der *New York Times* etwa erhellt, dass Griner die Zeit zwischen dem Ende des Spiels und dem Beginn der Medaillenzeremonie ausgenutzt habe, um eine Toilette aufzusuchen und dort einen Moment für sich allein zu erleben (Jennings 2024).

Ergriffen wirkt Candace Buckner, Sportjournalistin für die *Washington Post*. Buckner hat genau hingesehen und bemerkt, dass Griner die einzige Spielerin auf dem Podium gewesen sei, bei der Tränen geflossen seien. Sie berichtet, wie Griner während der Hymne geschluckt habe, vielleicht um die Kontrolle wieder zu gewinnen. Wie sie mit den Augen geblinzelt habe. Griner sei heftig angegriffen worden für ihren einstigen Hymnenboykott, sei als „angry Black lesbian who hates America“ kategorisiert worden. Buckner schreibt: „Her tears said the United States is her country, too.“ Die amerikanische Flagge, von

„white supremacists“ in den Vereinigten Staaten für deren politische Ziele reklamiert, könne auch auf Griners Schultern gelegt werden. Griner könne stolz auf ein Land sein, das "people like her" nicht immer zurückgeliebt habe. Buckner zitiert Griner selbst und ihre Kommentare darüber, wie glücklich sie sei, über ihre Emotionen, die „all over the place“ gewesen seien, die Bedeutung dieses Ereignisses für sie und ihre Familie, ihre Wertschätzung dafür, „ihr Land“ zu vertreten. Sie reflektiert auch die kritischen Kommentare, die Griner nach ihrer Freilassung aus dem russischen Straflager in den USA erreicht hätten, Spott über sie auf Social Media und an öffentlichen Orten, aber letztlich treibt der Artikel auf einen patriotischen Schluss zu. „The national anthem played; and the red, white, and blue flag was raised inside a foreign arena. And a proud American couldn't stop her tears“ (Buckner 2024).

Ryan Gaydos, Sportjournalist beim konservativen Sender Fox News, betont sehr viel mehr als Buckner Griners einstige Protestrituale gegen die US-Hymne. Diese Verweise liefern die Schlagzeile für seinen Bericht: „Brittney Griner, who once boycotted national anthem, emotional as 'Star-Spangled Banner' plays after gold win.“ Gaydos' Artikel bleibt allerdings eher nüchtern, verzichtet auf die Diskussion amerikanischer Patriotismus-Symbolik, aber er hält fest, dass die traumatischen Erlebnisse in Russland Griner anscheinend dazu gebracht hätten, ihr Verhältnis zu den Vereinigten Staaten zu überdenken. Gaydos erwähnt, dass eine Teamkollegin Griner als „warrior“ gelobt hätte, für das Team USA, und dass ihre Trainerin festgehalten habe, wie dankbar diese Spielerin gewesen sei, mit dem Nationalteam bei den Olympischen Spielen zu sein. Und da ist ihr Weinen. Auch Gaydos betont sie noch einmal: die Tränen, die alles sagen (Gaydos 2024).

Tränen, uminterpretiert: Brittney Griners autobiografisches Werk

Es ist fraglich, was Tränen sagen können und sehr fraglich, ob sie „alles“ sagen – und ob nicht die jeweiligen medialen Kontexte von Wein-Ereignissen sehr viel mehr „sagen“ als die emotionalen Momente selbst. Amerikanische Sportjournalisten waren im Sommer 2024 offensichtlich davon überzeugt, von Brittney Griners Emotionen im Rahmen einer Transformationsgeschichte erzählen zu müssen. Bei Fox News wandelt sie sich von einer Protestfigur zur amerikanischen „Kriegerin“, und wird in der *Washington Post* von einer ungeliebten Aktivistin zu einem akzeptierten Mitglied einer pluralen liberalen Demokratie.

An diesen aufgestülpten Interpretationen ist wenig überraschend. Es scheint typisch für die Tränen von Sportlern, dass sie für andere fließen: für das Publikum, für Medienvertreterinnen, für eine Gesellschaft auf der Suche nach Symbolen. Wie Andrea Petković und Serena Williams hat jedoch auch Brittney Griner selbst ihre Tränen dargestellt, kontextualisiert und interpretiert. Und sie hat damit Wein-Geschichten erzählt, die sich von den hier beleuchteten olympischen Analysen deutlich unterscheiden.

Es handelt sich um zwei autobiografische Werke: *In My Skin*, erschienen 2014, verfasst zusammen mit der Autorin Sue Hovey, und *Coming Home*, veröffentlicht ein Jahrzehnt später als Kollaboration mit der Schriftstellerin Michelle Burford. *Coming Home* befasst sich zum großen Teil mit Griners Zeit in den russischen Strafanstalten; *In My Skin* jedoch ergründet das Leben der Brittney Griner, bevor sie zu einer Schlüsselfigur internationaler Verwicklungen wurde. In beiden Werken sagen Tränen nicht alles, aber sehr viel – und sie sagen sehr unterschiedliche Dinge.

In My Skin präsentiert die Lebensgeschichte einer zu diesem Zeitpunkt 24-jährigen Sportlerin, die sich als College-Basketball-Spielerin einen Namen gemacht hat und nun als Jungstar der WNBA gilt. Viele der hier fließenden Tränen beziehen sich auf das, was zwischen und unter den Körben geschieht: ohne politischen Kontext. Brittney spielt mit Baylor, ihrem Collegeteam, gegen die Mannschaft von Kansas State, erzielt 50 Punkte, bricht damit einen Rekord, wird ausgewechselt, um bejubelt zu werden, von ihrer weinenden Trainerin, und weint dann selbst, als diese sie umarmt und ihr sagt „You did it for your team and for the crowd. I love you“ (Griner/Hovey 2014, 166). Und dann ist da ihr letztes Collegebasketballspiel, gegen Louisville, eine schmerzhafte Niederlage, nach der sich Griner in die Toilette der Umkleidekabine zurückzieht. Sie weint so intensiv, dass es ihren ganzen Körper erfasst, und weint dann noch einmal nachts im Bett: „I cried myself to sleep“ (ebd., 173–174). Niederlagen wie Triumphe führen zu emotionalen Reaktionen: nachvollziehbar.

Doch es fließen nicht nur Sporttränen in *In My Skin*. Es findet sich hier auch die Lebensgeschichte einer lesbischen Protagonistin, die in einer homophoben Welt aufwächst. Ein Schlüsselmoment: der Konflikt mit ihrem konservativen Vater. Als dieser sie mit Gerüchten um ihre sexuelle Orientierung konfrontiert, teilt Teenager Brittney ihm die Wahrheit mit – und die Wut des Vaters ist groß. Daraufhin fließen bei ihr Tränen, „uncontrollably“, so stellt es *In My Skin* dar, und sie fließen die ganze Nacht lang, bis zum Morgen. Es folgen weitere Tränen, eine Zeit der Trennung, dann kehrt Brittney noch einmal für eine Weile zur Familie zurück. Der Vater kann jedoch seine Homophobie nicht verbergen. Das Vertrauensverhältnis, resümiert *In My Skin*, sei zerstört (ebd., 68–73).

Selbstverständlich stellt *Coming Home*, Griners nach der Haft erschienenes Buch, andere Tränen in den Vordergrund.

Die Biografie fokussiert auf ihre Erfahrungen in Russland: die Verzweiflung, die Entbehrungen, die Traurigkeit. Es fließen Tränen im Käfig des Gerichtssaals, als Griner, die Angeklagte, sich für ihr eher marginales Vergehen (Cannabisöl im Reisegepäck) bei zahlreichen Menschen und Institutionen entschuldigt. Und da ist, nach der Verurteilung, ein FaceTime-Gespräch mit ihrer in Tränen aufgelösten Frau. Griner weint zuerst ebenfalls, kontrolliert sich dann, bekundet, sie sei „from tears to tough" gewechselt, ihrer Partnerin zuliebe (Griner/Burford 2024, 169–170). Die Sprache klingt noch nach Sport, der Kontext ist ein anderer.

Doch in *Coming Home* werden auch bereits erzählte Tränen uminterpretiert. Brittneys Coming Out-Szene als Jugendliche, so zentral in *In My Skin*, wird noch einmal beschrieben: Nun ist sie aber wesentlich kürzer und wesentlich weniger intensiv. Auch in dieser Version weint Brittney angesichts des zornigen, homophoben Vaters. Aber diese Tränen sind nicht unkontrollierbar – und sie fließen auch nicht in der Nacht. Sie habe sich wohl „wounded by my hero" gefühlt, so will es *Coming Home*, und während die frühere Lebensgeschichte von einer entscheidenden Zäsur im Verhältnis zwischen Vater und Tochter spricht, braucht *Coming Home* nur wenige Absätze, um den Konflikt zu relativieren (der Vater meldet sich telefonisch und Brittney nimmt den Anruf an: „I missed my hero, which is why I picked up"). Sie sei stolz auf ihren Vater, heißt es hier, und er wiederum sei stolz auf sie, „and we're finally at peace" (98). Tränen: nur ein Randphänomen.

Bei jedem autobiografischen Text handelt es sich um eine Interpretation. Ihn auf Faktizität zu reduzieren, hieße, ihn jeglicher kultureller und rhetorischer Dimensionen zu berauben (Smith/Watson 2010, 13). Es wäre also falsch, aufgrund dieser veränderten Beschreibungen die Lauterkeit Griners in Frage zu stellen. Eher führt die Spur der

Tränen zu einem größeren Motiv. *Coming Home* wirkt wie ein Rechtfertigungsprojekt. Im Austausch mit einem russischen Gewaltverbrecher wurde Griner aus der Haft befreit. Sie scheint alles versuchen zu wollen, um sich als Mainstream-Amerikanerin darzustellen, die das Engagement von Politik und Diplomatie „verdient" habe. Der Vater, ein konservativer Ex-Polizist, dient als Symbolfigur dieses Unterfangens, und Brittneys Liebe zu ihm steht metonymisch für ihren Patriotismus – so wie sie sich insgesamt nicht mehr als Rebellin, sondern als eher zarte Zeitgenossin inszeniert. Sie erwähnt im Schlusswort zwar, als prominente Sportlerin weiter Stellung zu politischen Fragen nehmen zu wollen: Anti-Rassismus, Feminismus, LGBTQ+-Aktivismus. Doch sie schließt die Passage auf die denkbar sanfteste Art, verweist auf ihre Hoffnung „that we can be gentler with one another" (ebd., 274).

Schließlich verweist die nun so verletzlich wirkende Protagonistin darauf, dass ihre Frau nun schwanger sei. Und wenn sie, Brittney, den Schmerz ihrer Russland-Erfahrungen hinter sich lassen wolle, dann fahre sie mit dem Auto in die Wüste von Arizona, steige aus dem Jeep aus, gehe barfuß umher und bereite sich in der Natur darauf vor, bald Mutter zu sein, ein Baby in den Armen zu haben, es in den Schlaf zu geleiten. Das zweite Buch des Basketballstars endet im zu Tränen rührenden Bild einer im Entstehen begriffenen Kleinfamilie. *Coming Home* erwähnt an keiner Stelle, dass Brittney Griner für zwei Kinder aus einer früheren Beziehung (in der es auch zu gegenseitiger häuslicher Gewalt beider Partnerinnen kam) schon zu Unterhaltungszahlungen verpflichtet ist (Reinhart 2015).

Die Vagheit dieses autobiografischen Werks führt zu grundlegenden Problemen, die das Weinen und seine Beobachtung aufwerfen. Roland Barthes nennt das Weinen die „wahrste aller Botschaften" (Barthes 1988, 253). Söntgen und Spiekermann beleuchten mit Bezug auf Barthes, dass vergossene Tränen, anders als das „lügnerische Wort“, stets ein Wahrheits- oder Wahrhaftigkeitsversprechen beinhalteten. „Zugleich aber“, so die Autorinnen, „unterliegen sie immer schon dem Verdacht besonders raffinierter Täuschung“ (Söntgen/Spiekermann 2008, 9).

Dieser Essay ist allerdings von der Annahme ausgegangen, dass die Frage nach Wahrheit oder Performativität der Tränen ohnehin nicht zu beantworten ist. Nicht einmal die weinende Person selbst, einerseits von Emotionen übermannt, andererseits starke Signale an die Außenwelt aussendend, kann sich sicher sein, wie authentisch ihr Heulen wirklich ist. Anne Vincent-Buffault, Historikerin des Weinens, hat in einer frühen Studie davon abgeraten, Tränen stets als ehrlich und spontan zu behandeln. Sie hat empfohlen, das Kommunikationsnetzwerk zu untersuchen, innerhalb dessen sie wahrgenommen und besprochen werden (Vincent-Buffault 1991, vii–x). Ihrem Hinweis ist dieser Essay gefolgt. Der Historiker Thomas Dixon erinnert zudem daran, dass Emotionen, als deren Heimat man gern das tiefe Innere des Menschen ansieht, tatsächlich in erster Linie öffentlich wirksame Phänomene sind und also stets als zugleich authentisch und performativ angesehen werden müssen, als ehrlich *und* an Konventionen orientiert, als fiktiv *und* real. Sie finden immer in größeren Rahmen statt, innerhalb gemeinschaftlicher Rituale, in sozialen Kontexten, gesteuert von kulturellen Skripten (Dixon 2023, 124 f.).

Im Vordergrund dieser Studie stehen einige der heutigen medialen Rahmen, in die Tränen eingefügt werden: die Sportstar-Dokumentation und der YouTube-Zusammenschnitt, die Biografien und autobiografischen Werke, die Pressekonferenzabläufe und das Sportübertragungsmaterial. In diesen Repräsentationen erkennen wir Figuren, die weniger zwischen Wahrhaftigkeit und Täuschung hin- und hergerissen scheinen als zwischen zwei grundverschiedenen Diskursen: einerseits der Kultur und Ökonomie des emotionalen Kapitalismus, immer hungrig nach intensiv kommunizierten Gefühlen, und andererseits dem System Sport, in dem nicht Trost- und Traurigkeitsgesten gefordert werden, sondern emotionale Stabilität und individuelle Leistung. Im Frauenbasketballendspiel der Olympischen Sommerspiele von Paris etwa hatte Brittney Griner gerade einmal fünf Minuten Einsatzzeit erhalten. Sie holte einen Defensivrebound und einen Offensivrebound. Erzielte in diesem so bedeutenden Finale nicht mehr als vier Punkte. Andere amerikanische Spielerinnen, an diesem Tag viel wichtiger als sie, entschieden die Partie. Heulte sie vielleicht deshalb?

Über dieses Buch

Man könnte meinen, dass dieser Essay ein etwas liederliches Verhältnis zu den Gender Studies und verwandten Disziplinen unterhält. Das beginnt mit sprachlichen Konventionen. Es wird hier möglicherweise an zu vielen Stellen nur von „Sportlern" oder „Sportlertränen" gesprochen, statt offenere Bezeichnungen zu verwenden. Diese Praxis bittet der Autor zu entschuldigen. Dahinter steckt tatsächlich nur der Wunsch nach Knappheit und Lesbarkeit.

Inhaltlich könnte den Text ein ähnlicher Vorwurf erwarten. Ganz bewusst habe ich hier einen Aspekt des Weinens fast komplett ausgeklammert: die kulturelle Organisation von Tränenakzeptanz entlang von Geschlechterlinien, die Stigmatisierung von weinenden Männern, die Klischees über weinende Frauen. Mir erschien diese Perspektive als anachronistisch. Denn in dem von mir erkundeten Material finden sich beeindruckend viele Repräsentationen von hemmungslos weinenden männlichen Sportlern und diverse Beispiele von Tränen rigide kontrollierenden Sportlerinnen. Somit wirkte es unpassend,

C. Ribbat, *Sport und Tränen*, Essays zur Gegenwartsästhetik,
https://doi.org/10.1007/978-3-662-72699-0

insbesondere in einem Beitrag zur Gegenwartsästhetik, noch einmal die alte Frage danach zu stellen, inwieweit konventionelle Männerbilder den offenen Ausdruck von Emotionen verhindern oder Sportlerinnen stereotyp mit Sentimentalität zusammengebracht werden. Dieses Problem, so meinte ich, habe sich erledigt.

Ob diese Entscheidung richtig war? Möglicherweise nicht. Rufen wir uns den März 2024 in Erinnerung: Es verabschiedete sich in jenem Frühjahr Jason Kelce von seinem Sport, einer der prominentesten amerikanischen Football-Spieler, und hielt dazu eine 40minütige, immer wieder von heftigem Tränenfluss unterbrochene Rede. Sein jüngerer Bruder Travis, auch Football-Profi und nebenbei Lebensgefährte von Entertainerin Taylor Swift, saß mit Sonnenbrille in der ersten Reihe des Publikumsbereichs und weinte ebenfalls. Es handelte sich hier um eine Selbstverständlichkeit, natürlich, zwei weinende männliche Sportler in einem Raum, im Grunde keine Nachricht, aber das Ereignis wurde doch als Seltsamkeit wahrgenommen, etwa von der *New York Times*. Für die Zeitung berichtete Scott Cacciola über diese Momente und machte sich Gedanken dazu, ob die Kelce-Brüder das Weinen im Sport möglicherweise „cool“ gemacht hätten. Um dies zu unterstreichen, musste Cacciola zudem Fredric Rabinowitz befragen, Psychologieprofessor und Autor des Werks *Deepening Group Psychotherapy with Men*. Rabinowitz erläuterte, die Kelce-Brüder hätten die „masculinity chops“, also: ihre Männlichkeit sei bewiesen und würde respektiert. Für den „average guy“ aber, da war sich Rabinowitz sicher, sei da immer noch „this sense of shame around crying“. Und die *New York Times* trug zu dieser ambivalenten Einschätzung bei, indem sie im Vorspann des Artikels behauptete, dass mit den Kelces es „two of the toughest guys around“ seien, die ihre Gefühle „on full display“ brächten (Cacciola 2024).

Es kann also keine Rede davon sein, dass öffentliches Weinen für männliche Sportler selbstverständlich ist – zumindest so lange nicht, wie in Artikeln dieser Art ausgewiesene Männlichkeitsexperten zu Heulereignissen befragt werden müssen und Begriffe wie „masculinity chops“ und „the toughest guys around“ fallen (auch Federers und Nadals gemeinsames Weinen musste bei CNN schließlich auf sein Übereinstimmen mit konventionellen Männerbildern überprüft werden). Es scheint zudem eine enorme Lücke zu klaffen zwischen medial zu Superhelden erklärten männlichen Sportstars auf der einen Seite und den Darstellungen weiblicher *celebrities* auf der anderen. Su Holmes und Diane Negra zeigen, wie die Repräsentationen berühmter Frauen selbst in der postfeministischen Gegenwart immer wieder von Beurteilungen, Kritik, Abschätzigkeit durchzogen sind. Die Gegenwartskultur scheine nur darauf zu warten, so Holmes und Negra, dass weibliche Prominente die Kontrolle verlören und ihr Leben, ihre Arbeit, ihre mentale Gesundheit nicht mehr im Griff hätten. Die Kategorie des Skandals stehe dann stets bereit. Auf männliche Stars, selbst auf die heftig Weinenden unter ihnen, werde anders geschaut, mit größerem Respekt für ihre Autonomie und die Substanz ihres Ruhms (Holmes/ Negra 2011, 1 f.).

Eine weiter ausgreifende Arbeit könnte die Tränenstigmatisierung in Männerwelten untersuchen. Da war etwa, im August des Jahres 2024, der Bundesligaspieler Christoph Kramer, auch als TV-Kommentator bekannt geworden, der seinen Abschied von seinem langjährigen Verein Borussia Mönchengladbach bekannt gab. Es entstand ein sehr persönliches, tränenreiches Video, ein Musterbeispiel in der Darstellung der eigenen Verletzlichkeit, das die Bedeutung der eigenen Leistungen untertrieb und stattdessen die Mitspieler Kramers emotional, unter Tränen, aber klischeefrei, als Persönlichkeiten würdigte (Kramer 2024). Der Spieler, der sich sehr offen dafür zeigte, nach dem Abschied aus Mönchengladbach von einem anderen Club engagiert zu werden, fand keinen neuen Verein und beendete seine Karriere. Bisher hat sich der hier vorgelegte Essay mit spekulativem Psychologisieren zurückgehalten – aber in diesem Fall könnte man vermuten, dass Kramers tränenreiches Bekenntnis ihn womöglich für die von Ehrgeiz und Kampfgeist dominierte Männerwelt Bundesliga untragbar gemacht hatte. Traditionelle Maskulinität hätte hier also ausführlicher diskutiert werden können. Der uralte Satz „Boys don't cry" ist anscheinend doch noch relevant.

Ein weiteres Merkmal dieses Essays liegt in der Konzentration auf eine bestimmte Generation von (inzwischen meist im Ruhestand oder in der Spätphase ihrer Karriere befindlichen) Sport-Stars und auf die Medien, die sie darstellen und in denen sie selbst ihre Geschichten erzählen. Dies hat viel mit den biografischen Daten und dem spezifischen Medienkonsumverhalten dieses Autors zu tun. In einer ausführlicheren bzw. schlicht anders angelegten Studie würde man sich etwa nicht nur mit der Tränenorganisation bei Serena Williams und Andrea Petković befassen, und nicht allzu intensiv mit den Zusammenhängen von Videomaterial und (auto-)biografischen Büchern, sondern mit Tränen, ihren Framings und ihrem Wert in sozialen Medien und mit Figuren wie Coco Gauff und Naomi Osaka und ihren öffentlichen Äußerungen, auf Social Media, zu emotionalen Momenten und „mental health". Insbesondere Osaka steht zu ihren häufig fließenden Tränen. Ihr wird ein besonderer Kommunikationsstil bescheinigt, der direkt erscheint, intim und aktivistisch – und dazu passt ihr distanziertes Verhältnis zu genau jenen konventionellen Formaten wie Live-Interviews und Pressekonferenzen, die im Vordergrund dieses Essays stehen (Burnette/LaStrape 2023).

Ein weiteres Beispiel für aktuelle Verknüpfungen von Sportleremotionen und medialen Repräsentationen: die neuen Möglichkeiten amerikanischer Collegeathleten, von ihrer Selbstdarstellung in sozialen Medien finanziell zu profitieren (dies war bis ins Jahr 2021 noch untersagt). Zum einen entsteht so die Option für junge, oft bereits sehr prominente Sportler, durch Selbstdarstellung als öffentlich sichtbare Figuren, wie als vermeintliche „Privatpersonen", von ihrer „personal brand" ökonomisch zu profitieren. Zum anderen werden die jungen Sportlerinnen und Sportler auf eben jenen Medienplattformen, auf denen ihre persönliche Marke präsent ist, nach ggf. schwachen Leistungen kritisiert und verhöhnt, erhalten gar Morddrohungen. (Das extrem verbreitete Sportwetten-Geschäft sorgt dafür, dass eine suboptimale Leistung höchst negative Emotionen im viel Geld einsetzenden Publikum hervorbringen kann.) Die mediale Dauerpräsenz junger Athleten, viele gerade aus dem Teenageralter heraus, kann zu enormen emotionalen Schwierigkeiten führen (Weaver 2025). Mit diesem Themenkomplex sollten sich zukünftige Untersuchungen zu den Zusammenhängen von Sport, Medien und Gefühlswelt befassen. Hier hätte dieser den Rahmen gesprengt.

Die Idee zum hier vorliegenden Buch stammt von Moritz Baßler (Universität Münster), bei dem ich mich herzlich für diese Anregung und für sein Vertrauen bedanke. Großer Dank geht an Thomas Hecken für seine regelmäßigen Einladungen, in der Zeitschrift *Pop: Kultur und Kritik* über Sport zu schreiben. Ich danke zudem Dolores Christensen, Psychologin im Sportprogramm an der University of Oklahoma, für ein aufschlussreiches Interview und Wilbert Olinde (Hamburg) für ein inspirierendes Gespräch über Sport und Weinen im Jahre 1973 (als ein südkalifornischer Nachwuchsbasketballer mit seinem Team ein wichtiges Finale verlor und sich später sehr darüber wunderte, dass ein Zeitungsartikel über das Spiel seine Tränen erwähnte). An der Universität Paderborn danke ich Alexandra Hartmann für ein offenes Ohr und Sonja Altevers, Hasna Mahmoud, Petra Meyenbrock und insbesondere Marie Smith für ihre Unterstützung.

Abbildungsverzeichnis

C. Ribbat, *Sport und Tränen*, Essays zur Gegenwartsästhetik,
https://doi.org/10.1007/978-3-662-72699-0

Literatur

Adams, Tim: On Being John McEnroe. London 2003.

Antetokounmpo, Giannis: Giannis' emotionale Dankesrede zum MVP-Titel. In: NBA Awards (2019). https://www.youtube.com/watch?v=cMnstr2t14M (4.9.2025).

Balague, Guillem: Cristiano Ronaldo: The Biography. London 2015.

Barthes, Roland: Fragmente einer Sprache der Liebe. Frankfurt a. M. 1988 (frz. 1977).

Berry, David: A People's History of Tennis. London 2020.

Berryman, Rachel/Kavka, Misha: Crying on YouTube. Vlogs, Self-Exposure, and the Productivity of Negative Affect. In: Convergence 24/1 (2018), 85–98.

Besnier, Niko/Brownell, Susan/Carter, Thomas F.: The Anthropology of Sport. Bodies, Borders, Biopolitics. Oakland 2018.

Buckner, Candace: On the Medal Stand, Brittney Griner's Tears Said Everything. In: The Washington Post (11. August 2024). https://www.washingtonpost.com/sports/olympics/2024/08/11/brittney-griner-cries-national-anthem-paris-olympics-basketball/ (25.8.2025).

C. Ribbat, *Sport und Tränen*, Essays zur Gegenwartsästhetik,
https://doi.org/10.1007/978-3-662-72699-0

Burgess, Jean/Green, Joshua: YouTube. Online Video and Participatory Culture. Cambridge 2018.

Burnette, Ann E./LaStrape, Anthony V.: Advantage Authenticity. Naomi Osaka's Activism for Social Justice and Mental Health. In: Mia Long Anderson (Hg.): Social Justice and the Modern Athlete. Exploring the Role of Athlete Activism in Social Change. Lanham, MD 2023, 73–86.

Cacciola, Scott: There Was Always Crying in Sports. The Kelces Made It Cool. In: The New York Times (6. März 2024). https://www.nytimes.com/2024/03/06/style/jason-kelce-crying.html (25.8.2025).

Caioli, Luca: Ronaldo. The Obsession for Perfection. London 2017.

CR7IR: The Moment Cristiano Hugged Pepe (2024). In: https://www.youtube.com/watch?v=dQyMwoJ_u0U (4.9.2025).

Djata, Sundiata: Racial Politics in the History of American Tennis. In: Robert J. Lake (Hg.): Routledge Handbook of Tennis. History, Culture and Politics. London 2019, 392–401.

Dixon, Thomas: The History of Emotions. A Very Short Introduction. Oxford 2023.

Duquin, Mary E.: Sport and Emotions. In: Jay Coakley/Eric Dunning (Hg.): Handbook of Sports Studies. London 2000, 477–489.

Durant, Kevin: Kevin Durant hält die berühmte Dankesrede zum NBA MVP 2014 mit dem Titel „You the Real MVP". In: https://www.youtube.com/watch?v=MN5YnVlDnIQ (25.8.2025).

Eurosport Tennis: Serena Williams in Tears as Her Tennis Career Ends / 2022 US Open / Eurosport Tennis (2022). In: https://www.youtube.com/watch?v=m28CB6MZbqY (25.8.2025).

Fleming, David: Ten Years of Crying Jordan. In: ESPN (12. April 2022). https://www.espn.com/nba/story/_/id/33699072/10-years-crying-jordan (9.9.2025).

Fox, Allan: Controlling Your Emotions in Tennis. In: Racquet Sports Professionals Association Website (2025). https://www.uspta.com/USPTA/Membership/Member_Resources/

ADDvantage_Articles/Controlling_Your_Emotions_in_Tennis.aspx (4.9.2025).

Futterman, Matthew: Players. How Sports Became a Business. New York 2016.

Gallwey, W. Timothy: The Inner Game of Tennis. The Classic Guide to the Mental Side of Peak Performance. New York 2008.

Gaydos, Ryan: Brittney Griner, Who Once Boycotted National Anthem, Emotional as "Star-Spangled Banner" Plays After Gold Win. In: Fox News (11. August 2024). https://www.foxnews.com/sports/brittney-griner-who-boycotted-national-anthem-emotional-the-star-spangled-banner-plays-after-gold-win (25.8.2025).

Goodman, Peter S.: Giannis Antetokounmpo Is the Pride of a Greece That Shunned Him. In: The New York Times (3. Mai 2019). https://www.nytimes.com/2019/05/03/sports/giannis-antetokounmpo-greece.html (4.9.2025).

Goodrum, Sarah: Sadness. Feeling, Display and Management in Everyday Life. In: Michael Hviid Jacobsen (Hg.): Emotions in Culture and Everyday Life. London 2023, 99–115.

Griner, Brittney/Burford, Michelle: Coming Home. New York 2024.

Griner, Brittney/Hovey, Sue: In My Skin. My Life On and Off the Basketball Court. New York 2014.

Harding, Jennifer: Emotional Subjects. Language and Power in Refugee Narratives. In: Jennifer Harding/E. Deidre Pribram (Hg.): Emotions. A Cultural Studies Reader. London 2009, 267–279.

Harding, Jennifer/Pribram, E. Deidre: Introduction. The Case for a Cultural Emotion Studies. In: Jennifer Harding/E. Deidre Pribram (Hg.): Emotions: A Cultural Studies Reader. London 2009, 1–23.

Holmes, Su/Negra, Diane: Introduction. In the Limelight and Under the Microscope – The Forms and Functions of Female Celebrity. In: Dies. (Hg.): In the Limelight and Under the Microscope. Forms and Functions of Female Celebrity. New York 2011, 1–16.

Illouz, Eva: Cold Intimacies. The Making of Emotional Capitalism. Cambridge 2007.

Illouz, Eva: Saving the Modern Soul. Therapy, Emotions, and The Culture of Self-Help. Berkeley 2008.

Illouz, Eva: Introduction. Emodities or the Making of Emotional Commodities. In: Dies. (Hg.): Emotions as Commodities. Capitalism, Consumption, and Authenticity. London 2018, 1–29.

Jacobsen, Michael Hviid: Introduction – Welcome to the World of Emotions. In: Ders. (Hg.): Emotions in Culture and Everyday Life. London 2023, 1–12.

Jamison, Leslie: The Empathy Exams. London 2014.

Jennings, Chantel: For Brittney Griner, a Gold-Medal Olympic Run Brings a Gratitude for Freedom. In: The Athletic (New York Times Company) (11. August 2024). https://www.nytimes.com/athletic/5694533/2024/08/11/brittney-griner-olympics-womens-basketball-gold/ (25.8.2025).

Jerslev, Anne/Mortensen, Mette: Celebrity in the Social Media Age. Renegotiating the Public and the Private. In: Anthony Elliott (Hg.): Routledge Handbook of Celebrity Studies. London 2018, 157–174.

Kapadia, Asif/Sabia, Joe: Federer. Twelve Final Days (2024).

Kramer, Christoph/Borussia Mönchengladbach: Chris Kramer hat eine Nachricht für Euch (2024). https://www.youtube.com/watch?v=4GeDRokw-5E (4.9.2025).

Kottler, Jeffrey A.: Die Sprache der Tränen. Warum wir weinen. München 1997 (engl. 1996).

Krumer, Alex/Musau, Andrew: Golden Tears. A Cross-Country Study of Crying in the Olympics. In: Emotion 24/1 (2024), 27–38. https://doi.org/10.1037/emo0001247.

Lang, Jack: This Is the Pepe You Don't Know. In: The Athletic (New York Times Company) (27. März 2022). https://www.nytimes.com/athletic/2500313/2021/04/07/this-is-the-pepe-you-dont-know/ (25.8.2025).

Ling, Ella/Riddell, Don. The 'Raw' Photo of Federer and Nadal which Captures Their Enduring Friendship. In: CNN Sports (2022). https://edition.cnn.com/videos/sports/2022/09/28/

federer-nadal-holding-hands-picture-ella-ling-spt-intl.cnn (4.9.2025).

Little, David E.: How Sports Became the 'Sports Show'. In: Ders. (Hg.): The Sports Show. Athletics as Image and Spectacle. Minneapolis 2012, 24–49.

Lutz, Tom: Crying. The Natural & Cultural History of Tears. New York 1999.

Maase, Kaspar: Ästhetische Wahrnehmung als Grundelement menschlichen In-der-Welt-Seins. Zu einigen Forschungsansätzen. In: Kulturelle Bildung Online (2024). https://www.kubi-online.de/artikel/aesthetische-wahrnehmung-grundelement-menschlichen-welt-seins-einigen-forschungsansaetzen (4.9.2025).

Mandoki, Katya: Everyday Aesthetics. Prosaics, The Play of Culture and Social Identities. Burlington 2007.

Nunn, Heather/Biressi, Anita: 'A Trust Betrayed'. Celebrity and the Work of Emotion. In: Celebrity Studies 1/1 (2010), 49–64.

Ott, Michael: Weinende Helden. Bilder der Tränen im modernen Sport. In: Beate Söntgen/Geraldine Spiekermann (Hg.): Tränen. München 2008, 207–217.

Parry, John Weston: The Burden of Sports. How and Why Athletes Struggle with Mental Health. Lanham 2024.

Petković, Andrea: Press Conference, Round 1, US Open 2022. In: US Open (2022). https://www.usopen.org/en_US/video/2022-08-30/1661900559496234.html (4.9.2025).

Petković, Andrea: Zeit, sich aus dem Staub zu machen. Köln 2024.

Rankine, Claudia: The Meaning of Serena Williams. On Tennis and Black Excellence. In: The New York Times (25. August 2015). https://www.nytimes.com/2015/08/30/magazine/the-meaning-of-serena-williams.html (4.9.2025).

Reid, Rebecca: I Invented the Term Sadfishing, So Let's Talk About What It Actually Means. In: Grazia UK (2. Oktober 2019). https://graziadaily.co.uk/life/in-the-news/sadfishing/ (4.9.2025).

Reinhart, Mary K.: An Abrupt End to Brittney Griner and Glory Johnson's Marriage. In: New York Times (12. Juni 2015). https://www.nytimes.com/2015/06/14/fashion/weddings/an-abrupt-end-to-brittney-griner-and-glory-johnsons-marriage.html (4.9.2025).

Senge, Konstanze: Die Wiederentdeckung der Gefühle. Zur Einleitung. In: Dies. (Hg.): Schlüsselwerke der Emotionssoziologie. Wiesbaden 2022, 1–29.

Sir Alex: Most Emotional Moments in Football (2024). In: https://www.youtube.com/watch?v=QRpRDL-drYk (25.8.2025).

Smith, Sidonie/Watson, Julia: Introduction. In: Dies. (Hg.): Getting a Life. Everyday Uses of Autobiography. Minneapolis 1996. 1–24.

Smith, Sidonie/Watson, Julia: Reading Autobiography. A Guide for Interpreting Life Narratives. Minneapolis 2010.

Söntgen, Beate/Spiekermann, Geraldine: Tränen. Ausdruck – Darstellung – Kommunikation. Eine Einführung. In: Dies. (Hg.): Tränen. München 2008, 9–16.

Spiller, Christian: Der Fluch der Megaclubs. Wie die reichsten Vereine der Welt den Fußball zerstören. Hamburg 2022.

Stearns, Peter N.: American Cool. Constructing a Twentieth-Century Emotional Style. New York 1994.

Stauff, Marcus: Sampras weint. Tränen als Ereignis im Fernsehsport. In: Nach dem Film (1. Oktober 2002). https://nachdemfilm.de/issues/text/samprasweint (19.5.2025).

Strychacz, Thomas: 'The Sort of Thing You Should Not Admit'. Ernest Hemingway's Aesthetic of Emotional Restraint. In: Milette Shamir/Jennifer Travis (Hg.): Boys Don't Cry? Rethinking Narratives of Masculinity and Emotion in the U.S. New York 2002, 141–166.

Tan, Ed S. H./Frijda, Nico: Sentiment in Film Viewing. In: Carl Plantinga/Greg Smith (Hg.): Passionate Views. Film, Cognition, and Emotion. Baltimore 1999, 48–64.

Travers, Mark: A Psychologist Explains 'Sadfishing'. The Art of Performative Suffering. In: Forbes (4. Juni 2024). https://www.forbes.com/sites/traversmark/2024/06/04/a-psychologist-explains-sadfishing-the-art-of-performative-suffering/ (4.9.2025).

Vingerhoets, Ad: Why Only Humans Weep. Unravelling the Mysteries of Tears. Oxford 2013.

Vingerhoets, Ad/Bylsma, Lauren: The Riddle of Human Emotional Crying. Emotion Review 8/3 (2015), 207–217.

Vincent-Buffault, Anne: The History of Tears. Sensibility and Sentimentality in France. London 1991.

Warhol, Robyn R.: Having a Good Cry. Effeminate Feelings and Pop-Culture Forms. Columbus, OH 2003.

Weaver, Karen: Mental Health Crisis Looms As College Athletes Chase NIL Fame In "Attention Economy". In: Forbes (14. Januar 2025). https://www.forbes.com/sites/karenweaver/2025/01/14/mental-health-crisis-looms-as-college-athletes-chase-nil-fame-in-attention-economy/ (4.9.2025).

Westbrook, Russell: Russell Westbrook Wins the 2017 Most Valuable Player Award. In: TNT Sports US (2017). https://www.youtube.com/watch?v=qw2eeDZvh48&t=4s (4.9.2025).

Wetzels, Michael: Affektdramaturgien im Fußballsport. Die Entzauberung kollektiver Emotionen aus wissenssoziologischer Perspektive. Bielefeld 2022.

Williams, Serena/Eurosport: US Open 2022. Serena Williams hochemotional nach Aus. „Es war eine unglaubliche Reise". In: Eurosport Tennis (2022). https://www.eurosport.de/watch/tennis/us-open/2022/us-open-2022-serena-williams-hochemotional-nach-aus-es-war-eine-unglaubliche-reise_vid1741645/video.shtml (4.9.2025).

Williams, Serena/Paisner, David: My Life. Queen of the Court. London 2009.

Williams, Serena: Press Conference, Round 3, US Open 2022. In: US Open 2022. https://www.youtube.com/watch?v=abJFrMOyqPM (4.9.2025).

ZDF: UEFA Frauen EM 2025 – Halbfinale. England – Italien (Relive) (2025). In: https://www.zdf.de/video/re-live/uefa-frauenfussball-europameisterschaft-live-livestream-highlights-100/uefa-frauen-em-2025-live-england-italien-halbfinale-livestream-100 (25.8.2025).

MIX
Papier aus verantwortungsvollen Quellen
Paper from responsible sources
FSC® C105338

If you have any concerns about our products, you can contact us on
ProductSafety@springernature.com

In case Publisher is established outside the EU, the EU authorized representative is:
Springer Nature Customer Service Center GmbH
Europaplatz 3, 69115 Heidelberg, Germany

Printed by Libri Plureos GmbH
in Hamburg, Germany